消費者事故調

—その実像と将来像

ジャーナリスト　鶴岡 憲一
主婦連事務局長　河村 真紀子

学 文 社

目次

七　最終テーマ　組織論

八　残された課題

プロローグ

東京都港区に住む市川正子さんの携帯電話に愕然とさせられるメールが届いたのは二〇一二年一〇月三一日だった。「金沢市内のエレベーターで死亡事故が起きたようです」との情報が知人から伝えられ、続いて別の複数の知人から次々に事故を知らせるメールが相次いだ。ホテルの女性従業員が、シンドラーエレベータ製のエレベーターに乗ろうとした際にカゴがいきなり上昇したためつまずいて倒れ、上半身だけカゴに残った。その状態でエレベーターが上昇し続けたので、乗降口枠とカゴに挟まれて死亡したというのである。

「同じメーカーの、同じ型の機種でまた犠牲者が出たなんて」という驚きはすぐ、「事故を防げなかった。申し訳ない」という被害者・遺族に対する思いに変わった。さらに憤りが湧いてきた。

市川さんは六年前の〇六年、長男で高校二年生だった大輔君（当時一六歳）が自宅のある高層住宅で、やはり同社製のエレベーターに挟まれて若い命を奪われるという事故を経験していたからだ。しかも、悲惨な事故の再発防止を、エレベーター事業を規制・監督する官庁の国土交通省に訴え続けてきたにもかかわらず、全国のエレベーターに安全装置を二重に設備させる対策が不徹底な状況で同種事故が起きてしまったのだった。

大輔君の事故後、市川さんの原因究明と再発防止対策を求める活動は、積極的で広範囲に及んでいた。大輔君が所属していた高校の野球部員の母親たちでつくった支援団体「赤とんぼの会」に支えられながら、国交省はもちろん、警察や検察、国会にも働きかけを続けていたのである。金沢の事故を知らせてくれたのは支援者たちだったのだ。

筆者河村が市川さんと知り合ったのは、二〇〇八年三月二五日に開催された「ユニカねっと」の設立総会でのことだったと記憶している。ユニカねっとの正式名称は「消費者主役の新行政組織実現全国会議」。河村が事務局次長（当時）として所属する主婦連合会や全国消費者団体連絡会など消費者団体、消費生活相談員の団体、弁護士、司法書士などが、消費者目線を重視する消費者行政専門官庁の実現を目指して結成した。その前年、福田康夫首相が〈消費者行政を一元化する強い権限を持つ新組織〉を設立する考えを表明したことがきっかけだった。

ユニカねっとは街頭宣伝や集会に加え、国会やメディアなどへの働きかけも展開し、新官庁の実現につなげる活動を行った。河村はユニカねっと代表幹事となった佐野真理子・主婦連事務局長（当時）ほかのメンバーとともに、アピールの場の設定や活動ニュース発行などにユニカねっと事務局のスタッフとして関わった。

ユニカねっとは、新設されるはずの消費者行政官庁が取り組むべきテーマに、そのころ問題化していた石油ファンヒーターやガス湯沸かし器などの製品事故の対策をも掲げていた。そのため、エレベーター事故で遺族となった市川さんも設立総会に出向き、総会後の懇親会で、河村は市川さんから声をかけられたのだった。

その後、「赤とんぼの会」もユニカねっと参加団体となったこともあって、河村は、しっかりした事故調査機関の整備などを求める市川さんを関連シンポジウムのパネリストとして招いたり、食事を共にして意見交換するなど同じ志を抱く仲間として親交を重ねてきていた。それだけに、大輔君を失わせたのと同じメーカーのエレベーターによる死亡事故の発生に、改めて憤りを募らせた市川さんの思いは痛いほど感じられた。

市川さんが主に訴え続けていたのは、〈事故の調査機関が存在しない分野があってはならず、どんな種類の事故でも調査する機関がなければならない〉、〈調査に必要な権限と能力を備えた調査機関を創設する必要がある〉、〈事故の再発を防ぐ対策を迅速に打ち出せる調査を進めるためにも、刑事捜査によって事故調査が妨げられてはならない〉という三点だった。

一日も早い事故の原因解明を求めていた市川さんは、それを阻む高い壁に突き当たっていた。直面したのは、事故の被害者・遺族でも「捜査中」を理由に警察から説明を得られないという現実だった。さらに驚き落胆したのは、エレベーター事故の調査を行う正式な機関が存在しないという事実だった。エレベーターの安全規制にも関わる建築基準法を所管する国交省の官僚からは、「うちが調べる事故ではない」と取り合おうとしなかったばかりか、「死亡者は一人だけでしょう?」とまで言われたのである。その言葉からは〈監督官庁の責任〉は全く感じられなかった。

だが、自宅マンションの管理者である東京・港区は、〇三年四月から〇六年五月までの間に起きたエレベーターの不具合が合計四三件に上っていたほか、事故機に隣接した同型エレベーターでは〇六年七月から四か月間に二一件も不具合が発生していたと発表した。それなのに、今後も事故調査が行われないようなら同種事故の再発を防ぐことは難しい。

そのため、市川さんは〇六年一一月、弁護団とともに警視庁、東京地検に事故原因の究明と責任追及を、国交省には原因究明と再発防止対策を早く実施するよう要請したのである。それでも同省は、「警察が事故を起こしたエレベーターなどの証拠物を押収し捜査中なので」という理由で調査を進めようとせず、警察の説明拒否の姿勢も変わらなかった。

その後、市川さんは、「赤とんぼの会」とともに集めた合計約四六万筆の署名を添えて〇八年、同会として警察庁と東京地検、国交省に同趣旨の要請を繰り返した。そうしたアピールが様々な団体から支持され、マスメディアでも報道されるなか、事態は少しずつながら動き始めた。警察庁は国交省の調査に「できる限り協力する」と回答。国交省は昇降機等事故対策委員会を設置して〇八年一二月、ようやく分解された事故機の調査を行い、翌〇九年二月に調査報告書をまとめて発表したのである。

ただ、昇降機事故対策委は法に基づく調査権限を与えられた調査機関ではなく、警察が押収した証拠の調査も十分に行えるわけでもなかった。また同対策委は、自らが事故防止対策の責任を問われる可能性がある国交省に所属するという面では中立的機関かどうかという疑問点をも含め、事故調査をめぐる問題は依然として残されていた。

そんな事態の打開を求め、市川さんは〇九年五月二二日、消費者行政専門官庁の創設を審議していた参議院の消費者問題に関する特別委員会に参考人として出席し、エレベーター事故の調査機関が存在しないという問題点や遺族としての悲しみとともに、「行政のための事故調査機関ではなく、消費者のための事故の原因究明調査機関」の設置を訴えた。

監督官庁のはずの国交省が見せた事故調査に消極的な姿勢は、エレベーター業界に対する安全規制・監督責任を問われることを懸念したためとも考えられただけに、「様々な各省庁の影響を受けない（中略）中立な調査機関」という性格を持たせることもアピールした。

その半月前、同特別委に、やはり参考人として出席した主婦連の佐野氏も、「独立した調査機関も必要」と指摘していた。参議院はそれらの声を念頭に五月二八日、消費者庁の設置法案を可決するとともに、「消費者事故等についての独立した調査機関の在り方について法制化を含めた検討を行う」ことを求めた付帯決議を採択したのである。

その趣旨にそって日本の事故調査の不備を抜本的に改善する方向での動きは、二〇一〇年八月、消費者庁が「事故調査機関の在り方に関する検討会」をスタートさせたことで始まった。市川さんも委員の一人として参加し、エレベーター事故の関係者として悩みつつ考え抜いてきた意見を積極的に述べ続けた。

検討会の委員としては他に、一九八五年に五二〇人が犠牲になった日航ジャンボ機墜落事故の遺族会「8・12連絡会」の事務局長を務める美谷島邦子さんや、鉄道事故などに詳しい弁護士、刑法学者や医療分野の関係者らが加わり、様々な事故や海外の事故調査の実情などを基に活発な審議を繰り広げた。

河村は消費者行政の監視組織として結成された「全国消費者行政ウォッチねっと」の事務局次長として、新しい事故調査機関の創設に向けた運動に関わっていたが、主婦連事務局次長の立場で、筆者鶴岡もジャーナリストとして検討会委員に就任し議論に参加した。

検討会は一四回の審議を経て一一年五月三一日、最終報告をまとめた。それを基に、消費者事故を対象とする事故調査の新機関として、改正消費者安全法に基づき消費者安全調査委員会（通称・消費者事故調）が一二年一〇月一日に発足した。

消費者が遭遇する広範囲な事故の調査を行う消費者事故調は、事故調査の体制を含め、様々な課題を積み残しながらも、わが国の事故調査史上で初めて、政府レベルで〈事故調査の理念〉を明確化したうえで組織された常設の事故調査専門機関としてスタートしたのだった。

一　消費者事故調の仕組み

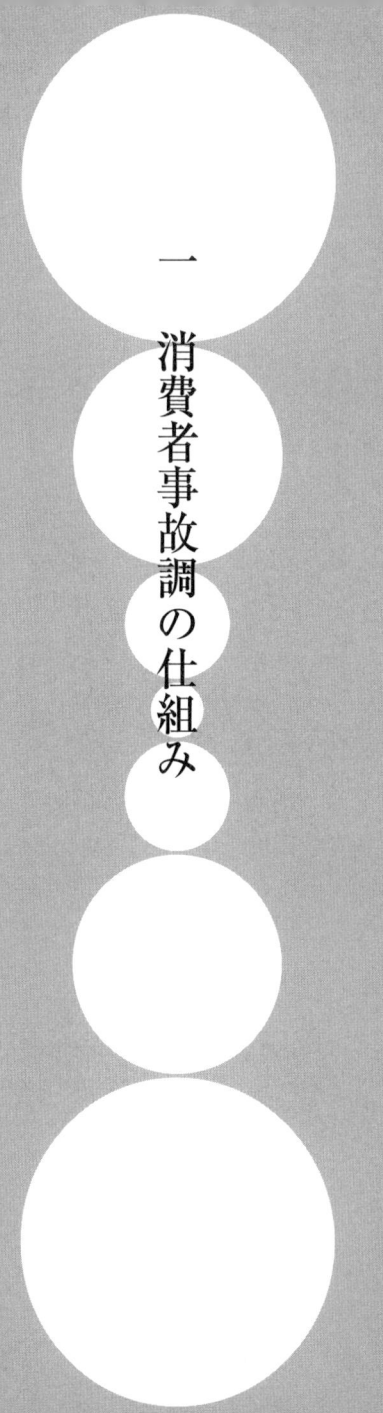

小さく生まれた新機関

事故被害者らの期待を担って生まれた新たな事故調査機関である消費者安全調査委員会（通称・消費者事故調）が、消費者庁の内局として発足したのは二〇一二年一〇月一日。その二日後には第一回目の委員会（以下、本委員会）が開かれた。

就任した委員は任期二年で計七人。安全問題や医療、行政法を専門とする学者五人のほか、弁護士と保健所長で、畑村洋太郎・工学院大学教授（東大名誉教授）が委員長に選ばれた。また、委員長代理には松岡猛・宇都宮大学講師（元同大学教授）が指名された。

本委員会は事故の種類やパターンに応じて臨時委員や専門委員を指名でき、消費者庁消費者安全課に新設される事故調査室が事務局となって調査を補佐していくことになった。

調査体制としては当面、本委員会の下に、工学分野の知見が必要な事故調査を担当する工学等事故調査部会と、食品・化学・医学等事故調査部会が置かれた。部会は、部会長と部会長代理のほか、臨時委員一九人と三八人の専門委員で構成された。委員には、工学、医療、食品衛生、自動車などの分野の学者、研究者のほか、機械関連企業の顧問まで幅広い分野の人材が就任し、河村も専門委員の一員として参加することになった。このほか、五人の臨時委員から成る製品事故情報専門調査会も組織された。

多種多様な分野で発生する可能性がある事故の調査にあたる専門家を常勤にすれば組織が過大になりかねないが、必要に応じてタイムリーに調査に参加してもらう方式によって行政効率化の要請に応えつつ、充実した調査態勢を維持する、という仕組みである。

だが、消費者事故調は〈大きく育てる〉ことを期待されながらも、予算面の制約もあり、〈小さく生まれる〉ことを余儀なくされた。象徴的なのが、七人の本委員会の全委員が非常勤の立場で就任した点で、調査活動の実働部隊ともいうべき事故調査室員も、事務官を含めても、わずか二〇人でのスタートとなったのである。

調査取りまとめの最終責任を負う初代の委員長となった畑村氏は機械工学の専門家で、「失敗に学んで安全を向上させる」という失敗学の提唱者だった。さらに身の回りの危険に目を向けて失敗を予防するという危険学の必要性も訴え、実際に発生した事故の解析を通じて提言を行ってきた。東日本大震災を機に起きた東京電力福島第一原子力発電所の連続爆発事故では、政府の事故調査・検証委員会の委員長を務めた。

また、松岡氏は、日本学術会議の安全工学専門委員会の下に組織された「事故調査と免責・補償検討小委員会」の委員長として、同専門委が〇五年にまとめた事故調査体制の提言に向けた検討で中心的な役割を務め、消費者事故調の創設に向けて消費者庁が組織した「事故調査の在り方に関する検討

＜消費者安全調査委員会の調査対象＞

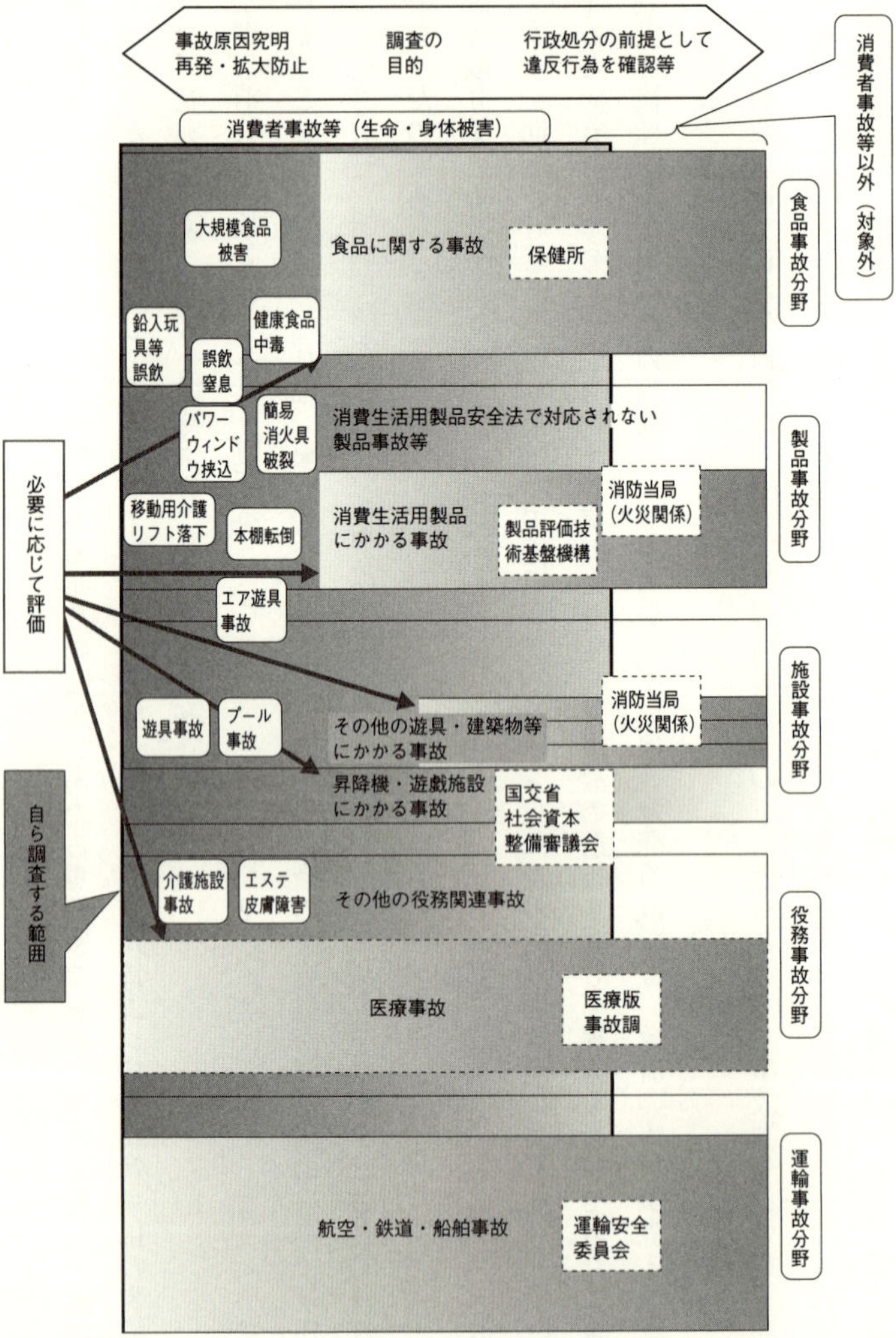
事故原因究明
再発・拡大防止
調査の
目的
行政処分の前提として
違反行為を確認等
消費者事故等以外（対象外）
消費者事故等（生命・身体被害）
大規模食品
被害
食品に関する事故
保健所
食品事故分野
鉛入玩
具等
誤飲
誤飲
窒息
健康食品
中毒
パワー
ウィンド
ウ挟込
簡易
消火具
破裂
消費生活用製品安全法で対応されない
製品事故等
必要に応じて評価
移動用介護
リフト落下
本棚転倒
消費生活用製品
にかかる事故
製品評価技
術基盤機構
消防当局
（火災関係）
製品事故分野
エア遊具
事故
遊具事故
プール
事故
その他の遊具・建築物等
にかかる事故
消防当局
（火災関係）
昇降機・遊戯施設
にかかる事故
国交省
社会資本
整備審議会
施設事故分野
自ら調査する範囲
介護施設
事故
エステ
皮膚障害
その他の役務関連事故
医療事故
医療版
事故調
役務事故分野
航空・鉄道・船舶事故
運輸安全
委員会
運輸事故分野

出所：消費者庁

会」でも積極的に発言してきた。

畑村氏は初日の委員会で「事故やいろいろなトラブルに苦しんでいる人の視点を入れてものごとを見ないと、本当のことは見えないと思う」、「なぜ事故が起こったかということだけではなくて、被害を受けた人がどんなふうにそれを捉えていて、どのような苦しい場所にいるのかということを、その人たちの立場に立って考えていきたいと思う」と述べた。

後述のような〈消費者を主役とする消費者行政の転換〉の一環として誕生した新調査機関に負わされた使命に沿って、消費者の目線で調査活動に当たる方向を示したとも受け取れる言葉だった。

どんな事故を調査するのか

調査の対象とする事故は、消費者安全法（以下、安全法）で定める「消費者事故等」に準じ、「商品等又は役務」つまり食品を含む各種の製品やエレベーターなどの施設から医療などのサービスによる事故のうち、生命身体に関わるケースから選ぶが、その範囲は極めて広い。「役務（サービス：筆者注）」事故としては、例えばエステティック美容での皮膚障害や介護施設事故も調査対象となる。

既設の法定専門事故調査機関である運輸安全委員会は航空、鉄道と船舶の事故を扱うが、消費者事故調はそれ以外のほとんどの事故を調査できる可能性を持っている。

だが、当面の消費者事故調の調査体制はあまりにも規模が小さい。これに対し、消費者庁に集中する事故の情報は年間一万五千件を超えていた。また、消費者事故調独自の方式として、改正安全法の第二八条で、国民が特定の事故について〈調査してほしい〉と申し出る権利が保障されている。そうした事情もあって、事故そのものの件数は多いが、調査を行う案件は絞って選ばざるを得ない。

消費者事故調が調査対象を選ぶ基準によれば、調査する事故は、①公共性＝消費者が広く利用しており、同種又は類似事故が起きるおそれがある、②被害程度が重大、③単一事故でも多数の被害者が出るおそれがある、④多発性＝一定期間内に同種又は類似の事故が多数発生している場合、⑤消費者自身の工夫・努力では避けることが難しい場合、⑥高齢者や障害者、乳幼児など、いわゆる〈弱者〉が主に被害を受けたり、受けるおそれがあるケース、というものである。

調査することにした理由は、調査報告書に記載される。例えば、エスカレーター事故を調べることにした事情については、▼エスカレーターは広く消費者の利用施設として設置されている▼死者が出て被害が重大だった▼建物の吹き抜け部にエスカレーターが設置される例が少なくなく、巻き込まれた場合に落下して重大事故になるおそれがある、といった理由が示された。

さらに、「重点的に取り組むべき分野」として、a．再発防止対策が行われていても事故が続発するなど、継続的に事故が発生している場合、b．製品そのものに事故の原因があるわけではない可能性があっても事故が多発している場合、c．比較的新しいケース、が確認された。

ａについては、第八回委員会で機械式立体駐車場事故を調査することを決めた。〇九年以降の発生事例が死亡事故三件を含めて一八件も把握されたことから、放置しておけないと判断したのである。ｂは、「消費者の使用の実態も踏まえた検討が必要なもの」、つまり、操作を間違えやすい製品ではないかどうかをも視野に調査することになる。また ｃは、〈発生事例が少なかったり、調査や規制も行われていないケース〉が想定されている。

調査対象を選ぶ基準は、消費者事故調の設置規定を盛り込んだ安全法の改正案の段階では、調査対象の選び方が不明確だった。そのため、全国消費者行政ウォッチねっとから事故調査問題を専門に扱う運動体として分岐し設立された「新しい事故調査機関実現ネット」（略称・事故調ネット）が、調査対象を選ぶ基準を明示するよう二〇一二年三月一日に提言し、衆参両議院が付帯決議で選定指針を定めるよう求めたことに応じて設定したのである。

国民が調査を申し出たケースについても全て応じるわけではなく、選定指針に沿ってチェックしたうえ、〈調査が必要と判断した場合は調査を行う〉、としており、調査を行わないと決定する場合もある。調査しないと決めた事例での理由について事故調査室は、「あまり広がりがみられない」ケースなどを挙げている。

すき間をなくす

市川さんがエレベーター事故に直面して切歯扼腕せざるを得なかったのは、国交省がエレベーターの規制に関わる建築基準法を所管しているのに、当初は、その事故について〈我われの担当外〉という態度を示したためだった。国交省の外局の事故調査機関である運輸安全委員会も、エレベーター事故は調査範囲に含めていなかったため、〈調査するところがない〉という状況だったわけである。

それでもエレベーターは中高層の住宅からデパート、オフィスビルや公共施設まで広く設置されている。同種事故が起きる可能性は否定できないから、調査はどうしても行う必要があった。そのような事故を含めて、消費者庁の検討会は「すき間事故」と呼び、以下のように定義した。

消費者の安全確保のための①事故調査を行う体制がない分野、②調査体制はあるが、その目的や権限との関係では消費者保護の観点から十分な調査を進めるのが難しい分野、③行政上の所管が多岐にわたるため縦割り的な調査体制では統一的な観点で調査を進めることが困難な事故、である。

消費者庁が具体的に例示した〈すき間事故〉は、①こんにゃくゼリーのような食品がのどにつまって窒息する死者が続発しても、安全規制の対象になっていなかったため所管省庁もなかったケースや、エア遊具事故など。②薬品のように規制されていない健康食品による事故や移動用リフト落下など。

③プールのように設置場所が公園なら国交省が、学校なら文部科学省が所管しているため、各省の担当範囲を越えて横断的に再発防止対策が立案されにくいような事故などである。

消費者事故調はそうした〈すき間事故〉も調査対象とし、市川さんが経験したような「調査するところがない」状況を、制度上はなくせるかたちになった。

問題抱える医療事故調査の新制度

様々な分野の事故のなかでも医療事故について、政府は二〇一五年一〇月に医療事故調査制度をスタートさせることを決めた。その仕組みは、診療中に病院側が「予期せぬ死亡事故」が発生した場合、病院は第三者機関の「医療事故調査・支援センター」に届けた上で自ら院内調査を行い、その結果を遺族と同センターに報告する。遺族側が病院による調査に納得できなければ同センターに調査を依頼し、センターが独自に調査を行って遺族や病院に結果を報告するというものである。

ただ、事故原因当事者になり得る病院側が「予期せぬ死亡事故」と判断して調査することにするのか、が先ず問題になる。例えば、東京女子医大病院は一四年六月、集中治療室で人工呼吸中の小児患者への投与が禁止されている麻酔薬を過去五年間に、一五歳未満の六三人に投与し、計一三人が死亡していたことを認めた例が参考になる。

きっかけになったのは、同年二月、同様な状況で問題の麻酔薬を投与された二歳児が死亡した事故だった。病院側は「自然死・病死」と診断書に記載していたという（六月一九日付け東京新聞）が、同大学医学部長らは記者会見で「異状死であることは明らか」と述べた（六月六日付け読売新聞）。

そのケースはメディアでも報道され社会問題化したこともあり、病院側は院内調査を行って遺族側に中間報告を行ったが、社会問題化しなかった場合には「予期せぬ死亡事故」ではない「自然死・病死」と扱われ、院内調査が行われないことが懸念されるのである。

センターによる再調査にも限界がある。消費者事故調や運輸安全委に与えられているような強制調査権限が認められていないからだ。確かに、改正医療法では調査される側について、調査を「拒んではならない」と定められている。しかし、調査協力を拒否しても処罰規定はなく、事故調査報告書に〈協力を得られなかった〉と記載したり、その旨を公表するだけにとどまる。これでは、十分な調査を実行できるのか疑わしい。

さらに、遺族はセンターの調査にかかる費用の負担を求められることもあり、それが再調査を遺族が要請しにくくする可能性がある。

消費者事故調と比べれば、そのような医療事故調査制度が〈被害者・遺族が納得できる調査〉をどこまで実現できるのか疑問が残る。それだけに、消費者事故調の役割は、新たな医療事故調査制度の下で実施される調査結果を「評価」する場合でも期待されることになるだろう。

消費者事故調が調べる医療事故

ただ、医療事故には製品や施設の事故とは異なる特殊な性格もあり、どんな医療事故でも調査対象とはしにくい事情がある。その点について、消費者事故調は複数の医師や医療団体から事情聴取した結果に基づき、どんな医療事故を調査対象として選ぶのか基準を整理した。

先ず、診療の特殊性については、▼患者個々人の体質が異なるゆえに、投与する薬剤などに対する反応にも個人差があり、医療行為が適切に行われても期待した結果が現れない場合がある＝個別性・不確実性▼そのため、医療行為に伴って起きる事故については、第三者の立場に立つ医師であっても、診療が適切だったかどうかを判断することが難しく、同じ診療についても分野によっては〈特殊か常識的な措置だったのか〉の判断が異なる場合もある＝分野ごとの専門性の高さ▼従って、どんな種類の事故にも適用できる選定要件として掲げた「公共性」や「多発性」といった分類にはなじみにくい、などを確認した。つまり、選定指針を機械的に医療事故に適用するわけにはいかない、ということになる。

医薬品による副作用事故についても、やはり個別性に左右されやすい面があるため、調査対象として選ぶ際は考慮が必要、とした。

その結果、医療に伴う事故については〈同種の診療で同種の事故が発生している場合〉を、医薬品の副作用事故は〈患者らが関連情報を適切に伝えられなかったことなどによって、複数の事故が発生した場合〉を調査対象とすることにした。

また、副作用以外の医薬品事故と医療機器の不具合による事故については、一般的な製品事故などと共通する性格があることから、前述の選定指針と「重点的に取り組むべき分野」の基準に沿って調査対象に選ぶこととしたのである。

その件を審議した第六回本委員会では、委員からは〈ある程度の類型性がない事故を調査しても、社会に還元できるような成果を得られにくい〉といった趣旨で、別扱いにすることは適切とする意見が示された。

また、医薬品の副作用事故の調査にあたっては、〈店頭販売の場合、薬剤師の説明の仕方にばらつきもみられる〉という現状があることを前提として、〈副作用についての説明が表示されているか否かだけでなく、『副作用を理解してもらえるような説明』がなされているかどうか〉をチェックするべきとの趣旨の発言もなされた。副作用による事故の調査を消費者目線で行う必要性を指摘したといえる意見だった。

いずれにせよ、新たな医療事故調査制度の対象が、将来は広げられるとしても当面は「予期せぬ死亡事故」に限られることもあり、より広い範囲を対象とする消費者事故調が果たす役割は、消費者に期待されるはずである。

調査の手法と手順

消費者事故調の調査は、実質的には専門委員が事故調査室員とともに専門的知見を活かしつつ実施する。関連製品や施設を実地に検証するほか、設計に不備が無いか図面もチェックし、メーカーなど事業者の安全対策や検討状況も社内レポートや関係者からの事情聴取を含めて調べる。

規制・監督行政面の問題の有無についても、規制法令や審査、検査などが実態に即していたかどうかについて、記録資料や事情聴取などで確認する。

事情聴取は、例えば市川大輔君が死亡したエレベーター事故の場合、消費者事故調が対象にするのは、メーカーや保守作業会社など事故に直接関わっていると推察される側だけではない。ビルの所有者とマンション管理組合、エレベーターの設置場所などを決めた設計、建設会社のほかエレベーターや建築設備などの業界団体の関係者、さらにはエレベーターの安全を確保するための規制・監督を行っている国交省の担当者や、被害者を救助する立場の東京都の消防関係者も対象とした。

そのように調査の範囲を広げることによって、事故の直接原因だけでなく、どの段階で事故発生を防げた可能性があったのか、あるいは被害を軽くできる可能性があったのかなどを明らかにすることで、事故の背景にまで及ぶ様々な要因を洗い出せるからである。

原因解明のための実験や分析については大学や民間研究機関に依頼する。そのために様々な分野の数十人規模の専門家からなる有識者バンクや、大学と各種研究機関との連携ネットワークを整えて対応する。

付与された調査権限

そのような調査を行うために消費者事故調に付与された権限は充実している。▼事故原因関係者に事故の状況などについて報告させる▼事故現場や事故原因関係者の事務所などに立ち入り、製品や書類など様々な物件を提出させたり調べる▼関係物件を保管させ、勝手に移動させない▼現場への立ち入りを制限する、などである。

関係者が証拠を隠したり、事情聴取に対してウソをつくなど違反すれば罰則が適用される。いずれも運輸安全委にも適用されているのと同様な規定である。

エレベーター事故については、国交省の昇降機等事故対策委員会が〇九年に調査結果をまとめていた。だが、法律上の調査権限を付与されていないため、〈調査が行き届かない面もあった〉との指摘がなされていた。

＜消費者安全調査委員会の事故等原因調査等の流れ＞

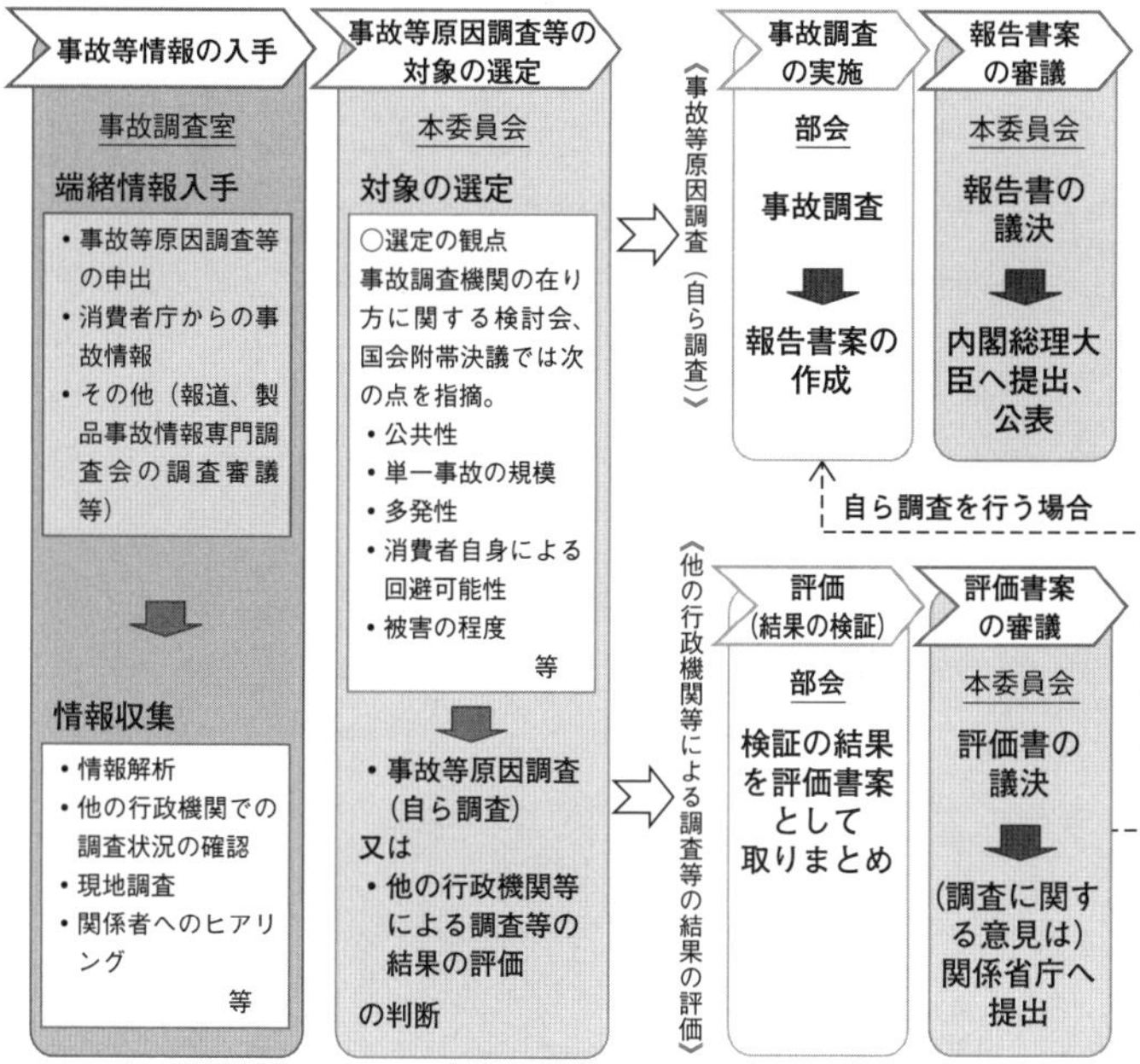

出所：消費者庁

現に調査報告書によれば、同事故対策委は、事故機や隣のエレベーターで事故以前に利用者が閉じ込められたり、降りようとした階に止まらなかったなどのトラブルが〇三年四月から〇六年五月までの間に四三件も起きていたことを確認したものの、「個々の不具合の原因について所有者、管理者及び保守管理業者からの情報が得られていないものが多い」、「本事故との関連性を推定することは困難である」などと書かざるを得なかった。そうした事情も知られていただけに、消費者事故調への法的調査権限の付与は必須とされた

＜消費者安全調査委員会と他の機関との関わり＞

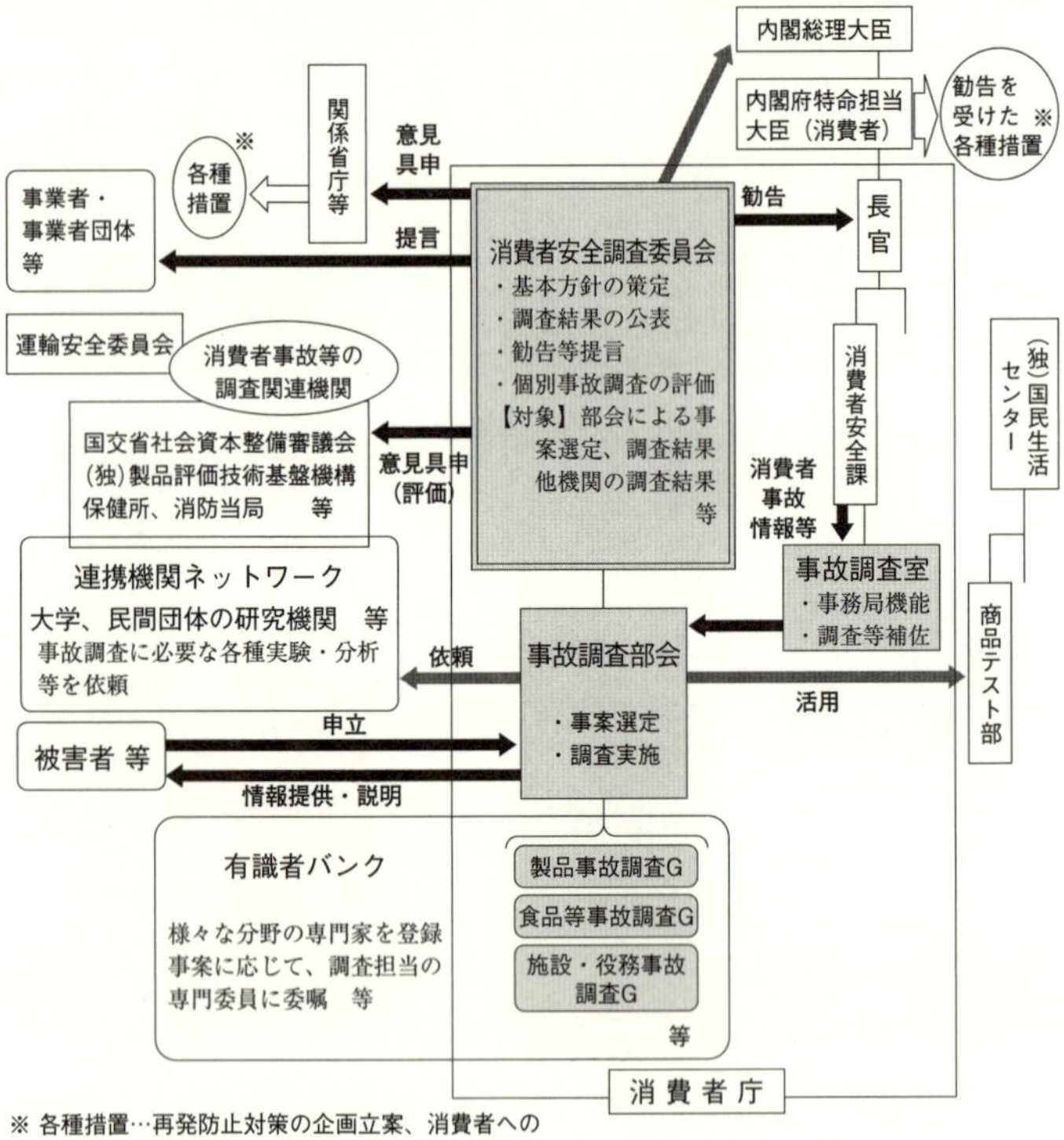

※ 各種措置…再発防止対策の企画立案、消費者への注意喚起、事業者への働きかけ等

出所：消費者庁

のである。

消費者事故調はまた、改正安全法に基づき、事故調査の結果、必要と判断した安全対策を講じるよう内閣総理大臣に「勧告」や「意見」を、他官庁などに「意見」を伝えることができる。

さらに、他の官庁などが行った事故調査や検査の結果をチェック・評価し、不十分と判断すれば、第二四条に基づき、その旨を「意見」として指摘したり、自ら調査することもできるという、独特の権限も付与されている。

当然ではあるが、調査対象の範囲はもちろん、対策を求める先の行政庁も、運輸安全委よりも相当に広い点が異なる。

報告書取りまとめまで

専門委員と事故調査室員が行った調査の経過は、調査の適否を判断し議決する権限を持つ臨時委員も出席する前記の部会や本委員会に報告され、調査の方向性などをチェックされたうえで調査を煮詰め、調査報告書案を作成する。最終的に本委員会が報告書案を承認すれば公表する。

報告書には▼調査の経過▼認定した事実▼事実を認定した理由▼事故等原因▼その他必要な事項、を記載することが義務付けられている。

調査開始から一年以内に完了することが難しいケースなどについては、調査の経過について公表することとされている。

例えば、〈隣家が設置している家庭用ヒートポンプ給湯機からのものと思われる低周波音や振動などのため不眠や頭痛などの症状が生じている〉との趣旨の訴えについては、一二年一一月に調査を始めた。しかし、そうした症状と低周波音の関係については評価が定まっていないほか、類似の別のケースなどでは、同じ住宅に居住している人たちの間で症状を訴える人と訴えない人もいることなどから、一年以内の調査完了は困難として一三年一〇月に「経過報告」を公表している。

そうした個々の調査で報告書取りまとめまでに収集する情報には、個人のプライバシーに抵触しそうな内容や企業秘密に属する情報が含まれることもあり得るため、改正安全法は調査・研究を委託された個人や組織の役員・職員にまで守秘義務を課している。

再発防止・未然防止への効力

事故調査の主目的のうち、再発防止対策に向けた提言として、消費者事故調は安全法三二条に基づき、総理大臣に対して勧告や意見を発することができるのは前述のとおりだが、それらを実際に受け止めるのは消費者庁である。

消費者庁は勧告や意見に沿って事故被害の発生と拡大の防止策を立案し、消費者に注意を喚起したり、安全規制を所管・監督する関係官庁に必要な措置を要求し、すき間事故については事業者に対して改善措置を勧告したり命令を発することになる。

関係官庁は必要と判断すれば、意見や勧告に基づく安全対策を立案、執行し、関係する事業者に対して必要とみれば勧告や命令を発する。そうした対策は、消費者事故調に通報することも義務付けられている。

安全確保対策について、関係官庁に対して「意見」を発しても、関係官庁はその「意見」を「聴くことができる」（同法第二四条第四項）とされているだけで、「意見」に沿った対策を立案・実施することは法律上義務付けられていない。

ただ、消費者事故調が「意見」を公表し、メディアによって報道されても関係官庁が必要な対策を講じなければ、国民や国会などで批判される可能性があることから、関係官庁は何らかの対応を迫られるはず、との見方は検討会委員からも示されていた。

二種類の調査：「評価」の意義

消費者事故調が行う調査には、「自ら調査」のほかに「評価」を目的に行う調査もある。「自ら調査」とは文字通り、消費者事故調が主体的に選んだ事故を調査することであるのに対し、「評価」は他省庁やその関連機関が行った調査をチェックするための調査である。

消費者事故調の調査手法に「評価」が加えられた背景には、消費者事故調が対象とする「消費者事故等」の範囲は極めて広いが、調査体制の規模はたいへん小さいという現実もあった。

つまり現状では、製品事故なら経済産業省所管の独立行政法人・製品評価技術基盤機構（ＮＩＴＥ）

も行っているし、食中毒などの食品事故の調査には厚生労働省や農林水産省が関わっている。それらの事故の発生が確認された場合は、消費者事故調のように調査対象を絞って原因を調べるのではなく、調査の深度はともかく、ほとんどを扱ってきている。そのような広範囲・多数の調査を規模の小さい消費者事故調が〈自ら調査〉することは現実には無理だ。そのため、当面は、他省庁・機関による調査は続けられる。

とはいえ、上記三省など産業振興行政を担当している省庁や関連機関による調査は、各担当分野の産業振興の要請に引きずられて事故防止・安全確保の観点が甘くなりがちな面が、かねてから指摘されてきた。縦割り行政による安全対策の欠陥を露呈した後述のガス湯沸かし器事故は、その象徴的なケースといえた。

消費者庁は、そうした産業振興に偏った事故への対応の反省として新設された経緯があるが、他官庁などが実施する事故への対応にも消費者目線を徹底する必要性が指摘されてきた。

その結果、消費者事故調は自ら選んで行う調査のほか、産業振興官庁や関連機関などが行った調査が、消費者保護の観点からみて不十分な点はないかどうかをチェックする「評価」のための調査を担わされることになったのである。

運輸安全委が担当する航空、鉄道、船舶事故は消費者事故調の調査担当外とされたが、消費者庁は、それら輸送機関の利用者が事業者でなく消費者であれば消費者事故調のチェック・評価の対象になるとしている。

そうした他の行政機関などによる調査の結果を評価して〈調査が不十分〉と判断した場合、消費者事故調は担当した行政機関に対して「意見」を述べることができる。その「意見」に沿って、元の調査を行った行政機関などが調査をやり直して事故につながった要因をさらに洗い出せば、元の調査に基づいて関係行政機関が考案した再発防止対策を一段とレベルアップさせることにつながり得るはずである。

「意見」に強制力がなくとも、その内容を発表し、元の調査の不十分な点が国民に知らされれば、関係行政機関等が知らぬふりを決め込みにくくなる。それでも関係行政機関等が動かなかったり、消費者事故調が自身で調査をやり直す必要があると判断すれば、運輸安全委の調査案件以外については事実上の再調査を行うこともできる。

そうした「評価」を通じた二重の措置によって、産業振興官庁系の事故調査にも〈消費者目線〉を浸透させられる可能性を持たされたのである。

お任せ調査にならないか？

ただ、事故調ネットでは、消費者事故調が行う調査の大半が〈自ら調査〉ではなく、「評価」で占められはしないか、という懸念を抱いていた。そのようになれば、〈消費者目線での調査〉を期待されて誕生した消費者事故調の役割が十分に果たされなくなるからだ。

そんな懸念を生む要素は、改正安全法第二三条第一項の文言にあった。その前段には、「当該生命身体事故等に係る事故等原因を究明することが必要であると認めるときは、事故等原因調査を行うものとする」としているが、後段では、「ただし、当該生命身体事故等について、消費者安全の確保の見地から必要な事故等原因を究明することができると思料する他の行政機関等による調査等の結果を得た場合又は得ることが見込まれる場合においては、この限りではない」と定められているのである。

後段の規定を消極的に運用しようとすれば、消費者事故調が担う範囲に属する事故が起きても自身は調査を行わず、産業振興官庁等が行った調査について「評価」ばかりを行うという、実質的な〈お任せ調査〉のパターンが常態化しかねなくなる。

実は、同様な問題は、消費者庁についても浮上していた。消費者問題研究所の垣田達哉代表は同庁発足三か月後に出版した『ちゃんと働け！　消費者庁』（リサージュ出版）で、「今の消費者庁は『事故情報を発表するだけの機関』になっている。（中略）各省庁が発表していた案件を、消費者庁がまとめて発表するだけである」と指摘したのである。

消費者庁は事故情報を他官庁からも収集できる立場にあるのに、それを活用して自身が主体的に対策を立案・指示するより、他の行政機関任せにしているのではないかという見方だ。

消費者事故調も広範な事故を調査し、意見や勧告によって対策を求める権限を与えられたものの、調査体制が弱体な段階では特に、実質的な調査を他の行政庁などに任せ、自身はその調査結果を「評価」することに追われる可能性があるのである。

それにしても、消費者事故調が〈消費者を主役とする消費者行政の転換〉の重要な要素のひとつであるとするなら、やはり、自ら調査を行うことを基本とすべき、ということになる。そうした状況を早く実現するためにも、調査体制の強化を求める声が発足の直後から高まったのであった。

被害者への配慮

消費者・生活者の立場に配慮する消費者事故調のルールとしては、運輸安全委の関連法にない規定も改正安全法には含まれている。前述の第二八条で〈事故の被害者や遺族らが事故調査を求める権利〉を保障した規定で、消費者が事故調査に関われる道筋が設定されたといえる。

そうした調査申し出を審査した結果については、申し出者がその事故の被害者や遺族、あるいは直系の親族か兄弟姉妹なら、調査することにしたか否かにかかわらず、判断の結果を申し出者に通知することにしている。また、それら以外の申し出者に対しても、調査しないと決めた場合、問い合わせがあれば答えることにしている。

運輸安全委も、事故の被害者や遺・家族に調査情報を提供したり、求めに応じて調査の経過や結果報告についての説明会を開くことを運営規則に定めているが、消費者事故調のような、調査申し出権の規定は置いていない。

被害者や遺・家族の立場への配慮がルール化された背景には、美谷島さんらの「8・12連絡会」が長年にわたって国交省や運輸安全委に求めてきたほか、刑事裁判に被害者側が参加できる方式が二〇〇八年にスタートした流れもあった。殺人や自動車運転過失致死などの刑事裁判では、被害者側が裁判所の許可を得て、証人尋問のほか被告に質問したり、立件事実や法適用の是非を含めて意見を述べることができるようにした制度である。

この制度以前、被害者側は裁判のらち外に置かれていたが、航空事故調の発足以降でも、ルールとして被害者側の関与や配慮事項は定められていなかったのである。

国民への調査活動の説明

消費者事故調の活動ぶりの説明としては、本委員会での個別案件に関する審議は非公開だが、例えば第七回本委員会の「消費者への情報発信」のような運営方針についての審議などは、事前に申し込めば一般国民の傍聴を認めている。

またホームページでは、その審議の概要や資料、本委員会後の記者会見の議事録、評価書や最終調査報告書と経過報告情報を公表している。

さらに、第七回本委員会では、調査申し出事故について、結果的に調査を行わないと決めた事故についても選定審査のために詳細な情報を集める段階で、消費者の安全確保に役立つ知見を得られるケースもあったとして、そうした情報を図や写真も活用し、調査活動の概略情報とともにホームページで公表することを決めた。

「消費者安全調査委員会の動き」と題されたその第一号は、一三年五月二三日付けで公表された。調査を始めた個々の事故に関する本委員会の審議状況の概要のほか、自転車事故につながるタイヤの破裂に備えて消費者が注意すべきことなどを「ワンポイント・アドバイス」として紹介し始めた。その後の「動き」には、二つの部会の動向や調査申し出と対応状況、委員のコラムも随時掲載している。

ただ、後述のように、メディア側などからは、必ずしも説明や情報公開が十分でないのではないかとの指摘も行われている。

外されかかったエレベーター事故調査

消費者事故調設置を定める消費者安全法の改正原案説明資料を消費者庁がまとめたのは二〇一二年

二月だった。同庁は「事故調査機関の在り方に関する検討会」委員に個別に説明したが、市川さんと河村が一緒に出向いた際、同庁の坂田進・消費者安全課長（当時）は驚くべきことを言った。〈港区のエレベーター事故は調査の対象になりません〉というのである。市川さんの息子さんが犠牲となった港区のエレベーター事故は、消費者事故調創設の原点になったケースである。それを〈調査対象に含めない〉という説明は、二人にとって到底理解できないことだった。

鶴岡も同庁担当者から〈消費者事故調の発足前に発生したケース（エレベーター事故など：筆者注）は調査しない、という方針に自民党から注文をつけられた〉と知らされた。

その方針は、いわゆる〈法律の遡及不適用〉の考え方で、参議院法制局は「新法令をその施行前にされた行為に対してさかのぼって適用し、旧法令が与えた効力を覆すことは、法律秩序を混乱させ、著しく不安定にする可能性が高いことから、厳に戒めなければならないといわれています。特に罰則については、憲法第三九条が明文で遡及処罰の禁止を規定していますから、絶対に遡及適用できません」と説明している。

つまり、港区のエレベーター事故が起きた当時は、事故調査への協力を拒否した場合に処罰できる規定を持つ消費者事故調の設置法（改正安全法）は制定されていなかったのだから、消費者事故調は調査協力拒否者が出るかもしれない港区のエレベーター事故を調べることはできない、と解釈できそうにみえないこともない。とはいえ、消費者事故調創設の大きなきっかけになったエレベーター事故を調査対象から外すような法改正など、与野党とも承知するはずがないと、鶴岡は軽く考えていた。

だが、自民党の消費者庁に対する注文の背景には、消費者庁側が河村に「過去のエレベーター事故まで調査対象にするような、改正安全法の遡及適用など内閣法制局が認めない」と強硬に主張していた経緯があった。そのため、河村や市川さんは主婦連・事故調ネットとともに国会議員への働きかけを始めた。

同年三月一日付けで公表した、安全法改正に向けた事故調ネットの提言では、調査案件選定の基準明確化などのほか、「過去（施行前）の事故調査についても実施を」として、過去の事故のうち▼事故調査がなされていない▼（事故の）結果が重篤▼被害者による申し出▼調査による新たな知見・提言ができる見込み、などに該当すれば調査を行うべきことを提案した。

その実現を図るべく議員回りしていたとき、消費者庁創設に大きな役割を果たした森雅子参議院議員（自民：第二次安倍内閣で消費者行政担当相）にアピールしたところ、森氏は「調査対象にできないわけはない。こちらで対応します」と約束した。

港区のエレベーター事故は、確かに消費者事故調の新設以前に起きている。しかし、その事故の調査は消費者事故調が発足してから行うのだから、その際に調査協力が拒否された場合に罰則を適用するとしても遡及適用には該当しない、という解釈も成り立ち得る。

結果的には、消費者側の国会への働きかけが功を奏し、当時の民主党内閣が国会で「新法（消費者事故調の設置を定めた改正安全法：筆者注）の方が一般国民に有利であり、既得権益を侵害するものでないため」と理由付けし、改正安全法案には附則として「改正前に発生した生命身体事故等にも適用する」との文言が盛り込まれて成立し、問題のエレベーター事故も調査されることになったのである。

原発事故も対象に

一方、原発事故を調査対象に含めるのかという問題を検討会が突きつけられたのは二〇一一年三月一一日の東日本大震災を機に起きた東電福島第一原発事故がきっかけだった。未曽有の原発災害となったことから、あるシンポジウムで偶然出会った向殿政男・明治大学教授、松岡猛両氏と鶴岡の三委員は、「検討会としても何らかの考えを示す必要があるのではないか」という点で一致し、対応策を探ることにした。

その結果、第一一回検討会で松岡氏が、「原子力安全委員会は独立性や中立性、公正性の点で疑念があり、証拠や関係者の聴取記録の保全といった調査が行われていない〈すき間〉事案になっている。検討会として検討する機会を持てないか」という趣旨の問題提起を行った。原子力安全委はその後、松岡氏が指摘したような問題点ゆえに廃止され、原子力規制委員会が原発等の安全性を監視する機関として設置された。

鶴岡は、消費者事故調の対象が「消費者事故等」に限られるうえ、原発事故の調査にも対応できるような充実した体制でスタートできる可能性は低いことから、消費者事故調の調査対象に原発事故を含めるのは将来の課題として扱うしかないのではないかと考えた。ただし、別の機関が原発事故調査を行う場合でも消費者目線を及ぼせるよう、消費者事故調がその調査結果を「評価やチェック」の対象にできるようにすべき、との意見を述べた。

向殿氏も、〈消費者事故調が原発事故についても意見を言えるようにすべき〉で、そのためにも、検討会報告書の原案に記載されていた消費者事故調の対象の例外として列挙されていた「交通事故、原子力災害、自然災害」という言葉から「原子力災害」を削除するよう求めた。また芳賀繁・立教大学教授は、〈食品や水道水などに放射能の影響が及ぶ場合は消費者事故に該当する〉との意見を表明していた。

結局、検討会の最終報告書では「原子力災害」との文言は残されたものの、「原子力災害や自然災害でも、食品や水道水の安全を損なう危険が生じた場合等は消費者事故等に含まれうる」と修正され、身体・生命に影響を及ぼす放射能漏れにつながるような事故については消費者事故調が関わり得る可能性が確認された。

二　出発点は「消費者行政の転換」

消費者事故調の基は消費者庁

広範囲な分野の事故調査を行う機関として新設された消費者事故調が立脚するのは、事故調査機関一般に通じる理念として確認された「独立性」などの性格である。その意義は、〈消費者行政の転換〉を象徴する消費者行政専門官庁である消費者庁の創設経緯抜きには語れない。消費者庁設置法を成立させた参議院が、付帯決議で〈消費者事故等を対象とする新たな事故調査機関の在り方を検討する〉よう求めたことが消費者事故調の原点となったからである。

消費者側が〈消費者行政専門官庁の創設〉を訴え始めたのは一九五九年。主婦連の初代会長で河村の祖母に当たる奥むめお参議院議員が国会で、〈生産者のための省庁はあるが消費者のための省庁はない〉として「生活省」の設置を求めたのである。その後、日本弁護士連合会も同様な趣旨の意見を表明するなど、〈消費者行政専門官庁の創設〉は、消費者の権利擁護策として消費者側の悲願となっていた。半世紀の年月を経て、それが消費者庁新設として実現したのは二〇〇九年だった。

その経緯について、〇七年参院選に当選した森雅子議員は、自ら監修した書『消費者庁設置関連三法　消費者行政が変わる!』（第一法規）で、概略以下のように記している。

弁護士として一五年来、消費者問題に取り組んできたという森氏は参院選の約二か月後の〇七年九月二〇日、自民党総裁選に向け福島県に遊説した福田康夫衆議院議員に同行した。その「移動の電車内で消費者庁の設置を提言しました。かねてから消費者問題に造詣の深かった福田先生は即反応し、総理大臣就任演説原稿の原案作成を私に指示しました」という。

総理に就任した福田氏は森氏の原稿を基に一〇月一日、国会での所信表明演説で「消費者保護のための行政機能強化に取り組みます」と表明し、〇八年元日の年頭所感ではさらに踏み込み、「『生活者・消費者が主役となる社会』への転換」を目指す意向を明示した。消費者庁と、消費者庁を含む政府全般の消費者行政をチェックする役割を担う消費者委員会が発足する方向は、その日に確定したと言える。

そうした流れを後押しするかたちになったのが、〇五年から〇八年にかけて次々に発生、発覚した企業の不祥事だった。

主なケースには、一酸化炭素中毒死者が出たため経産省が回収・修理などで初の緊急命令を発した松下電器産業（当時）製の石油温風器事故、北海道のミートホープ社が牛肉に別の肉を混ぜ「牛ミンチ」などとして販売していたケースをはじめ、不二家や赤福などで相次いで発覚した食品偽装、東京電力や関西電力など一〇電力会社のデータ改ざんなどがあった。

それらの事件、事故によって募った国民の不安の解消対策を探るべく、内閣府の国民生活審議会（当時、以下、国生審と略）は、総合企画部会の下に設置した「身近な国民の安全・安心の確保策に関する検討委員会」が〇七年五月にまとめた提言に基づき、翌六月、確保策に関する意見をまとめた。ただ、この段階では、総合企画部会報告に「官と民の新たなパートナーシップの構築」との副題が添えられていたように、消費者行政の転換は視野に入ってはいなかった。

だが、就任早々から福田首相が消費者行政の見直しを表明したことを受け、同年一一月にスタートした第二一次国生審の第一回総合企画部会では、運営方針文書で「生活安心プロジェクト（行政のあり方の総点検）」を第一のテーマに掲げた。そのなかで「国民生活に関係がある行政のあり方について、被害が防止され、国民に安全・安心をもたらすものとなるよう見直す、あるいは充実強化していくことが必要である」、「法律、制度、事業などについて、それらが、消費者・生活者の視点から十分なものとなっているかといった観点から総点検に取り組み」などとして、消費者庁創設を射程に入れた検討の方向を示した。

半世紀に及んだ消費者側の願い

消費者団体も動き始めた。主婦連は〇八年一月一七日、「生産・企業の視点からの政策立案・遂行」が「消費者保護に敵対・消極的にならざるを得ない構造」となっているとして、「生産重視から消費者・生活者重視へ」との観点から縦割り行政を転換するため、「消費者行政の一元化」を求める意見書を発表し、翌二月七日には、そのための新しい組織の設立を求めた。日弁連も同様な問題意識に基づいて同月一五日、消費者行政専門官庁の新設を求め、新組織に求められる業務や権限を詳細に指摘した。

さらに、「プロローグ」で紹介したように、三月二五日には消費者関係団体などから成るユニカねっと〈消費者主役の新行政組織実現全国会議：最終参加七四団体〉が発足した。その事務局長に就任した拝師徳彦弁護士らとともに、河村も事務局次長として、充実した消費者行政庁の早期新設と関連法案への「消費者の権利」の明記などを求め、国会審議に合わせて与野党の国会議員への説明に回ったり、自民党消費者問題調査会長〈当時〉の野田聖子氏らをシンポジウムに招いたほか、街頭での署名やアピールなどで理解を求めてきた。

河村としては、主婦連の一員として様々な消費者トラブルを生んだ割賦販売の法制度見直しを政府に迫る活動などを行ってきた。その経験から、従来の消費者行政は、経産省や農水省、厚労省などの業務としても行われてきたものの、あくまで〈産業育成の一部分〉に過ぎないものとして扱われていることを実感させられてきた。

やはり消費者の権利擁護のためには産業育成官庁とは切り離した専門官庁を新設する必要があると考えてきたことに加え、奥むめお・主婦連初代会長が提言した「生活省」のような消費者行政専門官庁を創設する得難い機会でもあると感じた。それだけに、早期創設運動には個人的思いも込めて力を尽くすことになり、ユニカねっとの命名やシンボルマークの考案にまで関わったのだった。

消費者行政について国会議員への働きかけが大きな意味を持つ理由は、その分野では法制度の改革に尽力してくれる議員が増えにくいことにある。経済界の利害に直結しやすい産業育成行政分野で活動する政治家なら、関連業界からの多額な政治献金も期待できるだけに、いわゆる族議員が増えやすいのと対照的なのだ。官庁にしても、政府の中で比較的消費者側に理解を示す傾向があったのは、「生活省」の代わりに一九六四年に設置が決まった内閣府の旧国民生活局だった。だが、産業育成に直結する部局ではないため、やはり族議員がバックアップしてくれるという性格ではなかった。それゆえに、内閣府の官僚の国会議員に対する影響力には限界があった。それはまた、消費者目線での消費者行政が十分には実現されないままになっていた理由でもあった。

そうした事情を背景に、消費者を主役とする専門官庁新設案に対しては、福田内閣の一員である産業育成官庁の大臣の中からさえ、複数の省庁に消費者行政部門が存在することを理由に「屋上屋を架すことになる」とけん制する声まで出たのである。そんな壁を越えて消費者行政専門官庁を創設するうえでは、やはり消費者側でも多くの国会議員の理解を取り付ける努力が欠かせず、その役割をユニカねっとなどが担うかたちとなったのである。

求められた〈消費者目線〉

一方、〇八年一月二八日の国生審第三回総合企画部会では、部会長の廣松毅・東大教授が国生審の佐々木毅会長や松本恒雄・消費政策部会長（一橋大学教授）らと協議して取りまとめたという私案を提出した。そのタイトルが「消費者・生活者を主役とした行政への転換の必要性」とされたように、消費者庁創設に向けた検討が政府レベルでも具体的にスタートしたのである。

私案は「明治以来、日本の行政は生産者第一の発想であり、消費者・生活者は、生産の振興と事業者・供給者に対する規制を通じて反射的に保護されてきた存在」に過ぎず、「底流には、生産者第一の視点が法律も含め多くの分野で依然、支配的」と指摘した。

同じ日、総合企画部会に委員として加わっていた鶴岡は、そうした問題が産業振興官庁の構造的なものであるとみて、弊害の実例をも示した意見書「産業振興官庁からの『安全・安心』チェック機能切り離しの必要性について」を提出した。

意見書は国生審の事務局を担っている内閣府国民生活局の中堅幹部から求められて提出したものだった。その日の部会での意見表明に備えて、鶴岡は従来の消費者行政の問題点を整理したが、中堅幹部との意見交換の機会にその概要を披露した際、「文書で出してほしい」と依頼されたのである。

構造的問題とは、産業振興官庁が安全・安心に関わる事故や不祥事を厳しくチェックするほど関係官庁の安全規制・監督責任が問われることになる可能性があるという点のほか、規制が振興対象の企業等の活動にブレーキをかけかねないゆえに、チェックが甘くなりがちになるという事情である。実例としては、経産省、農水省、国交省や厚労省といった国民の安全に関する規制・監督権限を持つ省庁の不適切かつ典型的なケースを挙げた。

特に象徴例とみたのは農水省の場合だった。国生審の「生活安心プロジェクト」ワーキンググループによる行政総点検の一環で行った関係省庁のヒアリングに対し、同省は「食品の安全の確保策」として「ＢＳＥ（牛海綿状脳症いわゆる狂牛病：筆者注）問題の、反省等を踏まえ、平成一五年度に、消費者を重視した農林水産行政を確立するため、産業振興部門から分離して、食品分野における消費者行政とリスク管理業務を担う消費・安全局を新設したところである」としていた。

同省がいう「反省」とは、ＢＳＥ対策として同省が行った国産牛肉買い上げを悪用した牛肉偽装を自らチェックできず内部告発で発覚したことを指したとみられた。ところが同省は、その後のミートホープ事件でも内部告発が寄せられたのに、適時適切に事件を摘発しなかった。そのため鶴岡は意見書で、農水省のような「産業振興官庁の内部に『安全・安心』に関するチェック機能を持たせた部局を設けても有効に機能しない可能性を示したといえるのではないか」と指摘し、「消費者・生活者を主役とする消費者行政」を確立するには、産業振興官庁とは別の専門官庁を新設しなければならないことをアピールしたのである。

このほか、厚労省については、薬害エイズ問題で担当課長が患者増加を適切に防がない不作為責任を問われて有罪判決を受けた前例があったにもかかわらず、薬害C型肝炎問題でも患者を適切に救済しなかった事実を指摘し、経産省関連では、電力会社による原発などのデータ改ざんが同省のチェックの甘さに遠因があるとの見方から「エネルギー産業振興官庁の枠内で行っているチェックの有効性について疑問を抱かせるものがある」とした。

こうした見方は現役記者としての取材経験にも由来していた。

八七年ごろ、普及し始めていたオートマチック車で暴走が疑われる事故が多発した際の当時の運輸省の対応が一例である。暴走原因の一つとして電磁波の走行システムへの影響を指摘する見方が出ていたが、同省担当課長は取材に対し完全否定した。ところが、同じ課長が自動車業界関連の雑誌に、電磁波対策についての記事を寄稿していたのである。

また、消費者庁創設議論のきっかけのひとつにもなった後述のパロマ工業製ガス湯沸かし器死亡事故については、問題が発覚後、筆者は現役編集委員として、事故件数情報を入手していたはずの経産省関連の独立行政法人・ＮＩＴＥ（製品評価技術基盤機構）に二度、件数情報を開示するよう求めたが拒否された。ＮＩＴＥ側から情報開示を申し出てきたのは、問題が次第に大きくなり始めてからだった。

それらのケースを振り返っても、「明治以来」の行政が「生産者第一の発想」で行われ、消費者は「反射的に保護されてきた存在」とした廣松私案などの見方が妥当であると考えた。そのため、同日の意見書では、安全・安心を確保するためのチェックを有効に遂行するべく、消費者団体や日弁連などが求めてきた消費者庁の創設が妥当、と明記したのだった。

与野党の認識も一致

福田内閣は創設に向けた検討を急ぐべく、〇八年二月八日、「各省庁縦割りになっている消費者行政を統一的・一元的に推進するための、強い権限を持つ組織の検討」にテーマを絞った消費者行政推進会議を組織することを閣議決定し、推進会議はその四日後にスタートした。委員には、主婦連の佐野事務局長も就任し、所管権限などを充実させた新専門官庁の早期創設を求めた。会議には河村も同行した。

同年六月一三日の第八回会議は早くも検討結果を取りまとめ、消費者庁の姿を描き出した。それによれば、新組織を「消費者を主役とする政府の舵取り役」であり、「一元的な窓口機能（中略）、執行、企画立案、総合調整、勧告などの機能を有する消費者行政全般についての司令塔」と位置付け、創設に向けた国会審議に移った。

消費者庁の性格と位置付けについての基本認識は、与野党の間でも一致した。まず、〇九年三月一七日開催の衆議院本会議での政府原案の趣旨説明で、野田聖子・消費者問題担当相は「消費者利益の擁護、増進は産業振興の間接的、派生的なものとして扱われてきた」とし、消費者庁は「消費者、生活者が主役となる社会を実現する国民本位の行政に大きく転換していくため」の組織である旨、アピールした。

これに対し民主党は同日、「内閣から一定の独立性を有する機関」として「消費者権利院」の設置を求める対案を提出した。ただ、趣旨説明に立った枝野幸男議員は従来の消費者行政について、「産業振興を第一に置き、（中略）つい最近まで消費者行政という意識が決定的に欠如していました」と述べ、新組織設置の問題意識が自公政権と大筋で同じであることを示した。

各野党の基本認識もほぼ共通していただけに、政府原案は一部修正することで一か月後に衆議院を通過し、五月二九日には参議院でも採択され成立した。

大きな修正点は、政府原案が消費者行政の審議機関として「消費者政策委員会」を消費者庁に置くとしていたのを、「消費者委員会」と名称を変えて内閣府本府に置き、消費者行政全般の監視機能を付与したことである。

消費者庁が求められた諸機能

消費者庁の性格付けの基になったのは、やはり、消費者を置き去りにしたかたちで起きた従来行政の欠陥である。

ひとつは、縦割り行政の弊害だった。それを克服する観点からも求められた〈消費者行政一元化〉の必要性を示した代表的な事故は二例あった。不完全燃焼による一酸化炭素中毒の死者を二一人も出していたことが〇六年に発覚したパロマ工業製ガス湯沸し器事故が一例である。所管官庁の経済産業省には製品安全課と製造産業局日用品室が、原子力安全・保安院（当時）にガス安全課と液化石油ガス保安課があったが、同じ省内でも責任意識の分散・希薄化を招きがちな縦割り構造ゆえに再発を防げなかった。

他の例は、〇八年一月に千葉や兵庫県内で被害者が出たのを機に社会問題にまでなった中国製の殺虫剤入りギョーザ中毒事件だった。このケースでは、関係保健所がある各自治体同士のほか、食中毒対策を所管する厚労省と自治体の間で情報が適切に伝達されなかったことで全国的な対策が遅れた。そうした事態を繰り返さないため、政府は関係省庁の局長級を「食品危害情報総括官」に充て、連携を強めることとしたが、このような経緯もあって危害情報一元化の必要性が認識されることになったのである。

また、所管官庁が決められていなかったり、所管官庁はあるのに事故調査体制が不備な〈すき間事故〉が起きた場合も消費者保護がおろそかになることを示す事故が実際に起きた。後者の代表例は、市川さんが遺族当事者となったエレベーター事故で、エレベーターの規制・監督官庁は国交省だが、その事故の調査体制が整備されていなかったのである。

また、事故対策の難しさをも示したのは、こんにゃくゼリーをのどに詰まらせた窒息死亡事故だった。特定の所管官庁が決められていないという点での〝すき間〟事故だったうえに、本来、危険性を有する食品とは考えられていなかったため、法的規制を課すべきか否かの判断も難しかった。結局、窒息しにくい商品とするようガイドラインを定め、製造事業者に協力を求めるかたちで決着したが、そうしたケースに対応できるように、との観点からも消費者庁の創設が求められたのである。

事故調査機関新設を提言

国会審議で意見陳述に立った各分野の参考人は、事故の原因究明体制に不備があることも指摘した。衆議院の消費者問題に関する特別委員会では〇九年三月二四日、金融オンブズネット代表の原早苗氏が事故調査について「どこが責任を持つのか、原因究明機関も設けられていない。（中略）エレベーター事故も、パロマガス湯沸かし器の一酸化炭素中毒も、個人が訴訟を起こすことで、今、原因究明や被害救済を図ろうとしています」と述べた。

また、郷原信郎・桐蔭横浜大学教授も「この安全の問題に関して重要なことは、何といっても、何か事故が起きたとか何か不具合があって危険が発生したというときに、その原因を究明することです。その原因が的確に把握されないと、適切な対応もとれません」として、事故調査体制を整備する重要性に言及した。

参議院消費者問題に関する特別委員会では五月七日、主婦連の佐野事務局長もアピールした。事故に関する情報の一元的集約、分析、提供、公開が重要であり、「その効果を最もよく発揮するためには、事故関連情報に関する独立した調査機関が是非とも必要です。そのための検討を期待します」と述べたのである。

さらに、「プロローグ」で紹介した市川さんの訴えをも踏まえ、参議院は付帯決議で新たな事故調査体制の確立を求めた。「消費者事故についての調査が、更なる消費者被害の発生又は拡大の防止に資するものであることにかんがみ、消費者庁に集約された情報の調査分析が機動的に行えるようタスクフォースを活用し、消費者事故等についての独立した調査機関の在り方について法制化を含めた検討を行うとともに、（中略）事故原因の究明、再発防止対策の迅速化をはかること」としたのがそれである。

すなわち、消費者事故調は〈消費者を主役とする消費者行政転換〉を具体化する使命を背負った消費者庁と同心円上にあり、消費者庁の創設理念と切り離せない関係にある存在として組織されることになったのであった。

三　確認された事故調査の理念

始まった検討会　事故関係者も委員に

消費者側の要望や参議院決議などを基に、新たな事故調査機関の設置を視野に入れて消費者庁の「事故調査の在り方に関する検討会」がスタートしたのは二〇一〇年八月二〇日。会場は消費者庁の前身でもある内閣府の国民生活局などが入っていた東京・霞ヶ関の中央合同庁舎四号館一階の共用一〇八号会議室だった。手狭な感があった会場は、所用で欠席した二人を除く委員一八人のほか、経産省や国交省など関係六省庁と後述の独立行政二法人の担当者に加え、詰めかけた新聞、テレビの記者や傍聴者でうまり、消費者庁事務局員も寄せられた関心の高さに驚きを隠さなかった。

検討会の構成は通常の審議組織の運営とは異なる特徴があった。そのひとつは、事故の直接関係者を委員に三人加えたことである。市川さんはエレベーター事故被害者の母として、正式な調査機関が存在しないゆえに事故原因の解明が遅々として進まない歯がゆさと辛さを味わってきていた。また、日航ジャンボ機の墜落事故で長男を失った美谷島さんは、補償よりも真相究明と再発防止を求めるという点で当時としては異例な活動を行うことにした遺族会「8・12連絡会」の事務局長を務めてきた。その活動は、以後に起きた重大事故の遺族が同様に行動するきっかけとなっていた。

さらに辻本好子さんは、九〇年に「医療と法の消費者組織」として結成されたＮＰＯ「ささえあい医療人権センターＣＯＭＬ」の理事長として、胃がんを患いながらも「患者中心の開かれた医療」の実現を目指してきていた。

審議されるテーマについて、事故の直接当事者は意見を表明できる範囲が、自身がじかに関わってきた領域が中心になるとはいえ、その領域で浮かび上がった問題点を深く理解できる立場にある。しかも三人とも、各々が関わらざるを得なかった領域で問題点を突き詰めてきた実績を積んできていた。従って、三人が検討会に加わったことは、議論が机上のものとならず実情を踏まえて展開される可能性を膨らませた。

他には、やはり各種製品や鉄道の事故に関わってきていた弁護士や消費者団体役員、安全工学のほか医療、行政、刑法、心理学などの専門学者が委員として加わり、座長には運輸安全委員会の在り方なども考察してきた東京大学法学部の宇賀克也教授が就任した。

異色だったのは、オブザーバーとして、経産省、国交省、厚生労働省、法務省、警察庁と消防庁から、事故調査に何らかの関わりを持つ課の中堅幹部に加え、独立行政法人のうち経産省系の製品評価技術基盤機構（ＮＩＴＥ）と内閣府の国民生活センターの幹部も出席したことである。オブザーバーとはいえ、各省庁の担当幹部は検討会で発言し、事実上、検討会の議論に参加した。

そのようなオブザーバーを出席させた意図について、事務局を担当した消費者庁側は特に説明しなかった。ただ、新たな事故調査機関が誕生すれば、それまで産業振興官庁がその都度行ってきた事故調査の領域に新調査機関が立ち入るようになったり、事故調査が刑事捜査に優先させられるようになる可能性も考えられた。それだけに、縦割り意識が浸透している関係省庁が、新調査機関の担当範囲を可能な限り狭め、自省庁の調査範囲に食い込ませないような〈縄張り確保〉の動きに出ることも予想されていた。

新調査機関の創設に向けて、消費者庁はそれらの省庁との折衝を必ず行わなければならない局面を迎える。その際に各省庁の〝抵抗〟をこじらせることなく乗り越えるには、事故被害者の遺家族として痛みを背負っている人たちの生の重い声を直接、各省庁の担当者に聴いてもらい、国民の生活空間で起きる事故の調査に新調査機関が幅広く関わる必要性を理解してもらううえで少なからぬ効果を及ぼし得る可能性があることから、そうしたオブザーバー方式を考案したとみられた。

初回から出そろった論点

検討会は、「消費者事故等についての独立した調査機関の在り方について法制化を含めた検討を行う」との参議院の付帯決議が採択されたことを受けて設置されたため、その方向を示すことが検討会の使命となった。

初日は、市川さんと美谷島さんのほか向殿・明治大学教授の発表を中心に行われたが、一回目ながら中身の濃い議論となり、引き続き審議しなければならない様々なテーマがほとんど示される結果となった。

最初の発表者となった向殿氏は、自身が委員長を務めてきた日本学術会議の人間と工学研究連絡委員会安全工学専門委員会が〇五年にまとめた「事故調査体制の在り方に関する提言」を説明した。

日本学術会議の提言のポイントは、①事故調査の目的は事故原因の解明と同種事故の再発防止と安全性向上であって、特定個人の事故責任を究明する犯罪捜査とは異なり、事故の背景を含めた事実を明らかにすること、②事故調査機関は特定の産業を推進する機関や他の行政機関から影響を受けにくい、独立性をもった組織とし、発足当初は既存の調査機関の所掌範囲から抜けている重大事故を担当するが、将来的には既存組織との統合を視野に入れる、③事故調査機関にはあらゆる情報を収集する権限を付与し、事故当事者と関係者に協力義務を課して違反に対する法的処置を明確にするが、証言を得やすくするため過失については免責制度導入を検討する価値がある、④事故調査機関は警察と協議して優先権を決定し、事故調査機関の活動を優先することになったときは、警察等他組織は収集済みの資料・証拠品を引き渡す、などの点に置かれていた。

そのほか、事故調査報告書の使用範囲や情報公開の在り方、被害者感情への配慮や補償制度にも言及されており、検討会で審議されるべき論点はほとんど含まれていた。その意味で、検討会のたたき台と言える性格の内容だった。

この日は市川さんと美谷島さんも意見を発表した。市川さんは自らの経験に基づき、〈原因究明を目的として法的権限を持つ、独立した調査機関の常設〉を求めた。美谷島さんは、日本では事故に対する刑事責任追及の捜査がジャンボ機事故の原因究明を難しくした面があったことを踏まえ、事故調査を捜査に優先させるほか、被害者・遺族が納得できる調査とすることなどをアピールした。

消費者側がまとめた原型

❖ 下地は連続勉強会

実は、検討会の開始に先立つ二〇一〇年四月一三日、「全国消費者行政ウォッチねっと」(以下、ウォッチねっと) と主婦連が企画した連続勉強会が東京・主婦会館でスタートしていた。ウォッチねっとは、主婦連のほか各地のNPOを含む消費者団体や消費者相談員の団体、弁護士、司法書士などで消費者行政チェックなどを目的に構成した組織である。「赤とんぼの会」も参加していた。

勉強会が開かれたのは六月一四日まで五回だけだった。だが、各回の報告者には、後に消費者庁検討会の委員に就任した市川さんや美谷島さんと佐藤健宗弁護士が含まれていた。佐藤氏は、一九九一年に四二人が死亡した信楽高原鉄道事故の弁護に関わって以後、鉄道安全推進会議(TASK) 事務局長を務めるなど事故調査の在り方を追求してきていた。

勉強会で報告者を務め、後に検討会で意見陳述することになったのは三人。そのうち髙本孝一氏は、機長として日航機を操縦中の九七年に乱高下事故に巻き込まれた。そのあげく、航空事故調に〈操縦ミス〉と結論付けられ、原因調査結果に基づいて業務上過失致死傷罪で起訴されたが、「過失を問うべき事実はない」として無罪判決を受けた経験の持ち主。

埼玉県・ふじみ野市職員労働組合執行委員の鶴田昌弘氏は、同市営プールで〇六年に遊泳中の小学生が吸水口に吸い込まれて死亡した事故で市職員二人が業務上過失致死罪に問われたのを機に、事故調査と刑事捜査の関係を踏まえて原因解明と再発防止の在り方に取り組んでいた。航空事故をはじめ様々な事故に詳しいノンフィクション作家・柳田邦男氏も報告者に加わった。

議論にはほかに、消費者庁の内田俊一・初代長官や審議官も姿を見せ、新聞社や通信社、テレビの記者も加わって、活発に意見を交換し合った。

以上のような勉強会参加者の顔ぶれからみても、消費者庁が検討会を発足させる際の委員や意見陳述者の人選に当たって、勉強会に参加した人たちをベースに考慮したことがうかがえた。

河村はウォッチねっと事務局次長として勉強会への参加を呼びかけたり、参加者の意見の記録も担当し、ウォッチねっと事務局長の拝師徳彦弁護士も議論に参加した。

多彩な参加者による勉強会の結果を踏まえ、ウォッチねっとの名前でまとめられた意見書の内容は、消費者事故調の原型がその勉強会を通じて構築されたと言っても過言ではないものだった。

❖ 提起された新調査機関の性格

ウォッチねっとがまとめた連続勉強会レポートに記載、引用された議事メモや報告資料などによると、第一回目から、後に消費者庁の検討会でも重要なテーマになった論点が次々に提示された。最初の報告者となった髙本氏は、調査機関にとって特に重要な「独立性」について、国交省の外局で航空や鉄道、船舶の事故調査を担当している運輸安全委を例に取り上げた。その前身の航空事故調査委員会や、調査範囲を広げた航空・鉄道事故調査委員会が国家行政組織法上の八条委員会として航空行政を担う国交省所属の審議会的な組織だったのに対し、運輸安全委は同法の三条委員会として、八条委員会にはない人事権や規則制定権などを持つに至っていただけに、「ある程度の独立性が形式的にはできたと感じる」と評価した。

だが同時に、国交省内部の人事異動で運輸安全委の職員になっても「数年で帰る」ケースがあることから「独立性を保つのは難しい」とも述べて、運輸安全委が国交省の安全対策の不備を指摘することになる改善勧告を「できないのではなく、やりにくい」という大きな問題点を抱えていることに言及し、二〇〇五年に一〇七人が死亡したJR福知山線脱線事故の調査でも、「直接の監督機関である国交省に対する改善勧告が出ていない」と例示した。

海外の現状視察をも経て欧米の事故調査に詳しい佐藤氏は、航空事故調がモデルにした米国家運輸安全委員会（NTSB）について、「理想像。監督官庁から明らかに分離された組織。連邦運輸省からの指示はない。予算もぶらさがっていない。（米国運輸省に対しても：筆者注）辛口の勧告ができる」と高く評価。

運輸安全委については、「国交省のローテーション人事に巻き込まれている。国交省の意向を受けて予算編成、人事、規則制定を行っている。国交省に厳しい批判ができるかというと、なかなかできない現状」とし、「勧告のあとも、丁々発止とできるのか。そこが独立性」と述べ、「独立性」の意味を具体的に明確にした。

この点については柳田氏も、NTSBが「一〇〇件も勧告を出すことがすごい」と評価する一方、日本の運輸安全委が担当している鉄道事故の調査では、「報告書を書く人が（国交省の：筆者注）鉄道局長とツーカー。行政の論理にとりこまれないように独立性はとても大切」とも指摘した。

市川さんは、エレベーター事故について国交省から当初、調査を拒否された経験を基に、後に国交省が設置した昇降機等事故対策委員会についても「（国交省が所管する：筆者注）建築基準法の枠の中という制限の範囲内で調査、事故対策を検討する委員会であり、独自に事故を検証する権限も持っていない」という限界を指摘し、「独立した中立な第三者の事故調査機関が必要」と訴えた。

❖在るべき調査機関への期待

そのような調査機関の使命について、美谷島さんは日航ジャンボ機事故から四か月後に発足した遺族会で「何がしたいか」をめぐって続けたアンケート調査で、「なぜ亡くなったのかを知りたい。原因究明、再発防止に、死がどう活かされるのかと願ってきた」という声があり、残された家族の立場と事故調査の社会的使命が遺族会で認識されてきたことを報告した。

また、〝開かずの踏切〟として知られた東京都内の東武線竹ノ塚踏切で二〇〇五年、二人が渡りきれない間に電車にはねられて死亡し、別の二人も負傷した事故の遺族組織「紡ぎの会」代表、加山圭子さんは、「どうして事故調査を求めるかというと、再発防止に事故を活かしてほしいから」と、端的に指摘した。さらに、〇一年に兵庫県明石市で一一人が死亡した花火大会歩道橋事故の「犠牲者の会」会長の下村誠治氏は、「遺族にとっての疑問は『なんで亡くならなくてはならなかったのか』を知りたいこと」と、事故調査機関への期待を述べた。

以上のように語られた「事故調査の目的」は、消費者庁の検討会でも確認されることになった。

一方、新調査機関の在るべき活動について、髙本氏は「『この部分はすぐにでも手をつけなければいけない』というところを見つけ出す組織になってほしい」とも述べた。つまり、市川さんがエレベーター事故で経験したような、〈調査すべきなのに調査されない事故〉があってはならず、調査する必要のある事故は必ず調査する組織というイメージである。

この発想は、後に検討会では「網羅性」という概念で整理されることになるが、海外事情に詳しい佐藤氏は、「オランダの例は注目に値する」と述べて紹介した。それによれば、オランダでは過去には様々な分野の事故調査委員会が分立していたが、ＮＴＳＢを調査し、「監督官庁から独立したほうがいいのではないか。加えて、調査機関を統合したほうがいいのでは、という話に進んだ。その結果、航空、鉄道、船、道路、海洋、運河を扱う運輸安全委員会を作った」。さらに、「それ以外の分野と違う面もあるが、共通の部分も多いという判断」となり、〇五年に組織したオランダ安全委員会（ＯＶＶ）では、「工場火災、食品汚染、環境汚染もやる。国民の人命、安全に関わるかぎり、戦争以外はやる」という、幅広い分野の事故調査を担当することになったというのである。

将来的に新調査機関の担当範囲も大幅なものにするのかどうかという議論は、検討会では最終段階で展開されることになった。

❖ 刑事捜査が生む支障

勉強会の大きなテーマのひとつになったのが、刑事捜査が事故調査の妨げになる面を持つという問題だった。

国交省が初めてエレベーターを検証したのは〇八年一〇月だった。それほど国交省の検証が遅れたのは後に、長妻昭・衆院議員が質問主意書で政府に質した結果、国交省が同年九月まで警察側に検証を要請していなかったためであったことが判明した。

ただ、市川さんを原告とするエレベーター事故訴訟の弁護団メンバーで勉強会に参加した前川雄司弁護士は、検証の段階では警察が事故機を分解してしまっていたため、「どの程度事故機のライニング〈ブレーキ部材：筆者注〉が摩耗していたかもわからない。事故直後どういう状態だったかがわからないと、踏み込めない。そういう意味では、事故調査機関は警察と同時に現場に行かなければ、本当の究明はできない」と、警察の捜査優先の弊害を指摘した。

また市川さんは、警察側から「捜査中」を理由に事故機を見せてもらえなかったうえに、「業界から情報を得ようとしても、業界のしがらみがある、捜査中だからと、得られなかった」とのことで、被害者・遺族支援の面でも捜査優先が支障になる面を報告した。

この問題は航空事故調査にも共通しており、柳田氏は日航ジャンボ機墜落事故の際、〈群馬県警が現場を押さえて事故調査官も入れない、さわれない。ＮＴＳＢも来たが入れなかった。外交問題になった〉と明らかにした。

同事故に関連して、原因究明に欠かせない事故関係者の率直な証言にも捜査が支障となる面を指摘したのは美谷島さんだった。墜落したジャンボ機は大阪空港で尻もち事故を起こした後、メーカーの米・ボーイング社が後部圧力隔壁の修理をミスしたことが原因と発表したが、肝心のボ社修理作業員の証言は警察も航空事故調も得られなかった。

米国では重大な過失か犯罪でなければ航空事故の刑事責任が追及されないが、日本では業務上過失罪を適用され追及されることをボ社が恐れたためで、美谷島さんは「処罰してもミスは減らない。事故の場合はミスを処罰することではなく、免責を与えてでも真実を知る方がいい。罪を問うのは、重大過失や故意に限るほうがいい」と、事故について調査と捜査が目指すべき目的の違いを強調した。

下村氏も「当事者の口から真実が語られることが一番。責任云々で原因解明できないなら、許すことはできないが、しゃべってもらえるなら、（調査が：筆者注）優先すると思う」、「前向きに歩き出すためには、原因を知ることが一番大切」と述べた。

この問題を整理したかたちで佐藤氏は、航空事故の調査報告書が警察に刑事責任追及のための鑑定書として渡されてきた件について、事故関係者が〈事故調にしゃべったことを証拠にすることには被告人弁護側が不同意だと言っても、刑事責任追及の場で使われてしまう〉との問題点を示し、〈最初に事故調が刑事責任追及には使いませんと言って話を聞いても、報告書から鑑定書に変わると証拠になってしまう経路が残る。だったら本当のことは言わない方がいいのでは？と関係者が考えることはあり得る。協力が得られないという問題点が残る〉と指摘した。

そうした事故調査と刑事捜査の関係の背景として、一九七二年に航空事故調が発足した際、警察と当時の運輸省との間で調整のための覚書が交わされたが、〈警察がいいと言わなければ警察優位となる条項で、警察は事故調に鑑定を依頼することができる〉という事情があることも説明した。

一方、市営プール事故で同僚二人が刑事訴追されたふじみ野市役所の鶴田氏は、二審裁判では「被告だけでなく、（プール管理を民間業者に委託した：筆者注）行政組織の責任、業者側の責任も当然指摘しなければいけないと判決文には書いてくれたが、大きな構図は変わらず」と述べ、刑事責任の追及では事故原因を幅広く摘出して再発防止に活かすには限界がある事情を語った。

❖ 赤とんぼの会の探求

新しい事故調査機関を求める動きは連続勉強会以前にも起きていた。市川さんが遺族となったエレベーター事故での支援組織「赤とんぼの会」が主催して〇九年五月、「独立した事故調査機関の設立を求めて」というシンポジウムを開いていたのである。パネリストには前述の佐藤氏や柳田氏、エレベーター事件弁護団の前川氏のほか、向殿氏らも加わった。

以下、「赤とんぼの会」編集によるシンポジウム記録「エレベーター事故から安全を考える　独立した事故調査機関の設立を求める」(『消費者法ニュース別冊』)によると、基調講演を行った柳田氏は日本の事故調査の歴史を踏まえつつ、「生活空間型事故」を調査する機関を、「行政の縦社会ではなくて、独立した第三者の機関として客観的、公平に、しかも技術論的にも、しっかりした方法論を持った形で、運用されるべき」ものとして必要である、との趣旨の提言を行った。

「生活空間型事故」を調査対象とする機関という発想は、後に誕生した消費者事故調の調査範囲に通じる面があった。ただし、柳田氏はそのような調査機関を消費者庁所属機関として新設することについては、「消費者庁がですね、行政さえも調査の対象とし、そして行政の欠陥までも明らかにしていく仕事をするとは、とても思えません」と述べていた。

　この点は、検討会では、新調査機関を消費者庁所属とするのかどうかというテーマにつながっていくことになった。

　エレベーター事故に関わってきた前川氏のほか、科学論を専門とし森永ヒ素ミルク中毒事件などに詳しい元東京大学法学部ＣＯＥ特任研究員の中島貴子さんらは〈調査機関が存在しない分野の事故〉があるという問題点を提起し、医療問題弁護団の木下正一郎氏は医療分野の事故でクローズアップされた、事故当事者である医療機関による原因調査では中立性が疑問視される問題や、刑事捜査より調査を優先させる必要性を指摘。

　向殿氏も、前述の日本学術会議の提言での議論や、エレベーター事故で国交省が組織した昇降機等事故対策委員会の委員長として直接体験した〈権限なき調査〉の限界のほか、「専門性がない警察が捜査を優先させ」ることで調査を進めにくくなる実態を紹介した。

❖ウォッチねっとがまとめた提言

　連続勉強会は、「赤とんぼの会」のような事故調査に対する要望と考察の延長線上で、総合的な視点から在るべき事故調査機関の姿を探ったといえる。その成果は、ウォッチねっとが仮称「生活安全委員会」の新設を提言した意見書としてまとめられた。消費者庁検討会の最終報告書の原型とも言える

＜消費者側が描いた事故調査機関像＞

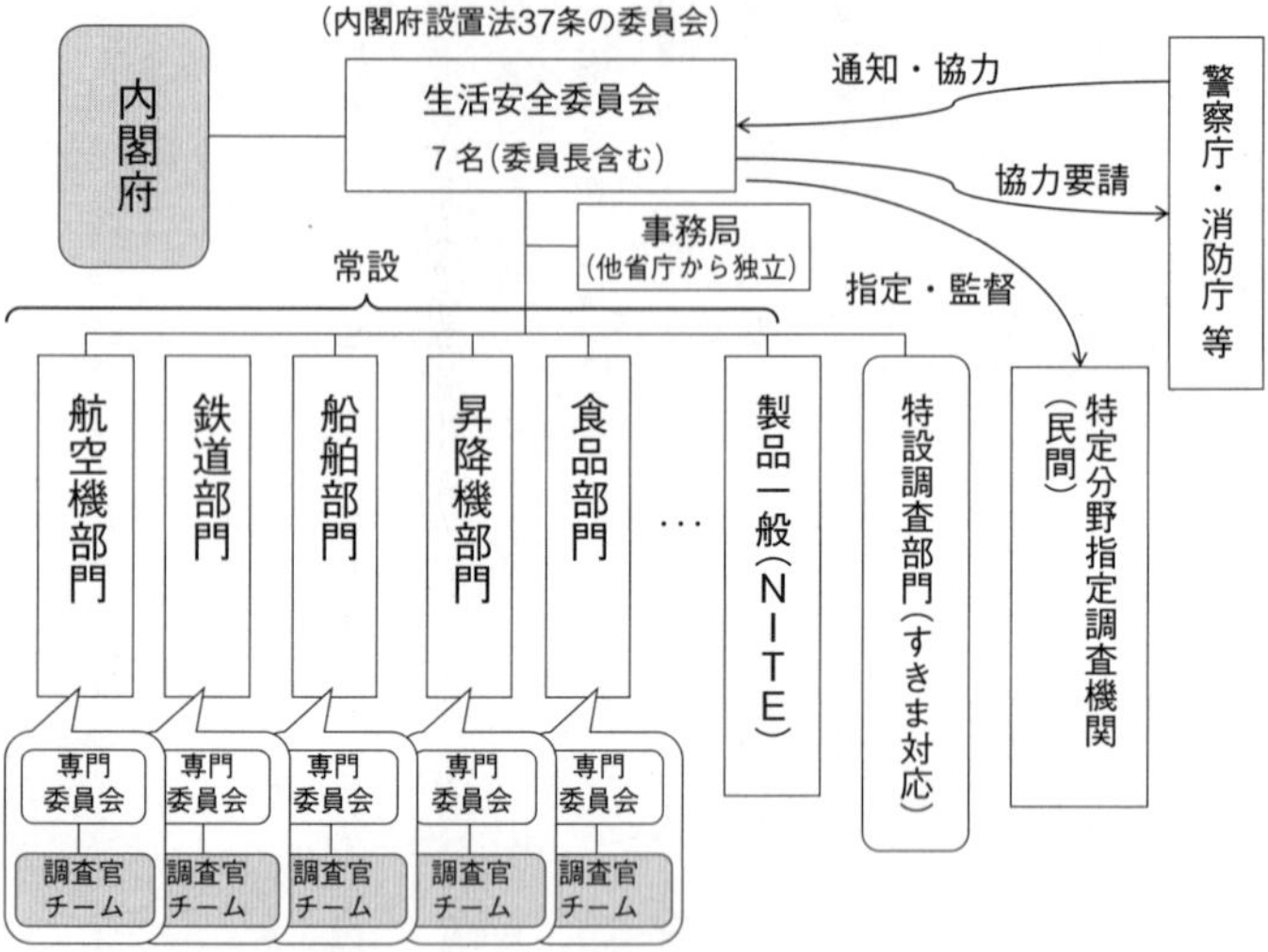

出所：消費者行政ウォッチねっと連続勉強会「事故調査機関のありかたを考える」
第５回資料（2010年６月）
主催　全国消費者行政ウォッチねっと／主婦連合会

内容となったその要点は以下の通りである。

まず、「事故の原因分析についての考え方」では、これまでの事故調査で事故の主原因として扱われてきた「使用者（運転者）の過失といった単一的かつ直接的な原因」ではなく、このような過失に至る制度的・組織的な要因のほか、「過失が生じた場合に安全を保持する仕組みの不備」から天候・環境に至るまで複合的な要因を調査の対象にすべきであり、この意味で、「過失等の直接的な要因はむしろ『結果』である」としている。事故調査の目的は「原因究明と再発防止」とした。

事故の被害者・遺族は「事故の原因

についての関心・利害関係が最も深い立場」にあるゆえに、「消費者の代表ともいうべき存在」とみて、「被害者の視点を尊重」し、〈消費者側からの事故調査申し立て〉を権利として認めることとする。

事故調査と刑事捜査の関係については、「個人の過失責任を追及するのみでは事故の再発防止につながらず」との観点から、「刑事捜査よりも事故原因調査を優先すべき」とし、具体的には、〈調査と捜査が競合した場合は証拠物の押収や関係者の事情聴取をどう行うかは協議して調整し、委員会が調査を行う場合は警察が証拠保全までを行う〉、と提言した。

生活安全委員会の組織の性格については、既存の事故原因究明制度では事故類型ごとに縦割りになっていたゆえに原因究明を行う機関が存在していないケースがあったことから、生活空間事故を「包括的・網羅的」に扱うこととした。

また、「監督官庁が調査機関と密接な関係を有していたため、事故調査委員会の委員や調査官の人事にまで影響を与え、中立性・公正性に疑問があった」とし、「監督官庁が（調査機関の：筆者注）事務局を担うことで、監督行政そのものの問題点に対する指摘・勧告が困難となる」ため、「産業育成省庁から個々の調査機関を切り離す必要がある」。

さらに、「切り離したものをばらばらの状態で活動させるのはむしろ不経済であり、統一的な組織を作るほうが合理的である」ことから、「包括的・網羅的機関であること」を提案している。その理由としては、そうした統一的調査機関では、「原因究明の手法は分野を超えて一般化できる」こと、「消費者・事業者から見ても、事故原因調査機関が一つであるほうが分かりやすく、事故情報収集等の観点からも便宜である」点等を挙げている。

そのような内容の生活安全委員会は、審議会等の設置ルールである内閣府設置法第三七条に基づく「内閣府の外局」として設置し、「事務局は当面消費者庁が担う」とした。

その構成については、七人で組織する親委員会の下に製品や食品、昇降機のほか、運輸安全委が担当している航空、鉄道、船舶分野の調査を担当する常設機関に加え、すき間分野の調査を担当する特設調査部門を置くとした。

ただし、運輸安全委や経産省系で事故調査機能を持つＮＩＴＥのような既存の調査機関との関係については、統一までの過渡的措置として、「現行の調査機関が生活安全委員会の勧告権に服する等最低限のコントロールを効かせることで中立・公正性を担保するという工夫も行うべき」とした。事故調査全般に「消費者の視点」を及ぼそうという、この発想は、消費者事故調が他の調査組織による調査を「評価」でき、再調査するよう求めることもできる、という機能として制度化されることになる。

以上のように、消費者事故調は、官ではなく民の消費者側が原型を考察・提言し、それが消費者庁検討会を介して、完全にではなかったにしても相当に反映されて消費者事故調の成立につながったと言えよう。

福島第一原発事故の衝撃

新たな事故調査機関の在るべき性格について、日本社会一般に目を向けさせる大きなきっかけになったのは、検討会の議論が終盤にさしかかった二〇一一年三月一一日に起きた東日本大震災に伴って、東京電力福島第一原子力発電所で水素爆発や、三基の原子炉で炉心溶融（メルトダウン）が発生するという、世界の原発事故史上でも未曽有の事態に見舞われたことだった。

なぜ、そんな事故が起きたのか、諸要因の公正な解明が再発防止の焦点になり、国民の関心の的になった。その調査を委ねるべき官庁は、従来通りなら商用原発を所管してきた経済産業省・資源エネルギー庁だったが、当時の菅直人氏を首相とする民主党政権は担当から除外した。

同省・庁は電力業界や商工族議員、少なからぬ原子力専門学者らと癒着する、いわゆる〈原子力ムラ〉の有力な一翼をなしてきたことが広く知られるようになったうえ、自らの原発の安全規制・監督に関わる行政責任が問われかねない立場にあった。そのため、福島第一原発事故の諸要因の究明を、同省・庁が関わってきた原発推進の視点から独立した立場で進められることを期待し得なかったから、菅政権は、内閣官房に政府の事故調査・検証委員会（畑村洋太郎委員長）を組織したのである。

政府の検証委員会は調査に当たっての立場について「今回の事故の原因及び事故による被害の原因

を究明するための調査・検証を、国民の目線に立って開かれた中立的な立場で多角的に行い」（最終報告書）とし、「中立」という文言ながら事実上、監督官庁としての経産省・資源エネルギー庁から独立的な立場で調査を進めた姿勢を説明した。

一方、当時は野党だった自民党は国会に事故調査委員会を設置するべきことを主張し、実現させた。その理由について塩崎恭久衆議院議員は自著、『「国会原発事故調査委員会」立法府からの挑戦状』（東京プレスクラブ）で、政府が組織した調査・検証委員会では内閣官房に設置したとしても「政府自身の失敗を客観的に検証できるのかという疑念は、誰もが拭い去ることができないからだ」と指摘した。だが、同事故の調査機関の設置は二つだけには止まらなかった。北澤宏一・前科学技術振興機構理事長を委員長とする「福島原発事故独立検証委員会」と、「独立」を調査機関名に掲げ、「民間事故調」と略称された組織も設立されたのである。

設立主体は元朝日新聞主筆・船橋洋一氏が理事長を務める財団法人「日本再建イニシアティブ」で、民間事故調が調査・検証する対象について「政治にも行政にも大学にも法曹界にもメディアにもその影響力は浸透して」いる、「産官学のそれこそ〝原子力ムラ〟と呼ばれる巨大システム」と明示した。その原子力ムラこそが原発の危険性を問題視する専門家を排除し軽視してきた現実が広く知られるに至っていただけに、民間事故調の立場は〝原子力ムラから独立〟と宣言したと受け取れるものだったと言える。

いずれにしても、原子力ムラの影響を離れようとする姿勢が、このように三つの委員会の設置につながったことで、事故調査の独立性がいかに重視すべき要素であるかが示されたのである。東電も副社長をトップとする福島原子力事故調査委員会を組織して報告書をまとめたが、〈根本的原因は津波にあったが、地震による主要設備の損傷は確認されない〉とした調査結果について、日本科学ジャーナリスト会議が「教訓を学び再発防止につなげる危機感に乏しい」(『4つの「原発事故調」を比較・検証する』：水曜社)と評価したように、独立的な立場での調査の重要性を裏付けるようなかたちになったのであった。

適切な調査のカギ「独立性」とは

検討会開催の当時は、調査権限を法律上で付与された常設の事故調査専門機関は運輸安全委しかなかった。そうしたなかで、新たに消費者目線に立つ調査機関が常設されること自体、大きな意義を持つが、消費者事故調という新調査機関が時代を画する歴史的意義を持つのは、事故調査の理念を明確にしたうえで組織された点である。その内容は、検討会が二〇一一年にまとめた報告書で示された。

検討会報告書は先ず、事故調査の目的について、連続勉強会が指摘したように、事故関係者の責任追及ではなく「事故の予防・再発防止」にあるとした。そのうえで、調査機関が備えるべき属性の第一に挙げたのが「独立性」だった。

その意味については、「事故調査のための機関・制度が、(中略)事故の予防・再発防止のための知見を見出すこととは別の目的を追求するための組織や制度の影響を受けることなく、独自に調査を行い、判断することができること」と定義した。〈事故調査の目的と別の目的〉については「刑事、行政、民事の各手続きにおける責任追及や、市場や事業活動の規制・管理等」とし、そうした目的遂行のための「機関・制度」とは「警察、検察、民事・刑事の裁判、行政処分権限を有する官庁、事業所管省庁等」であると示した。

具体的には、警察・検察による事故の刑事責任追及捜査や刑事裁判からの独立のほか、事故の被害者や遺族が求める損害賠償や慰謝料を求める民事裁判からの独立、さらに、産業振興やそれに伴う規制・監督を担当する経産省や国交省、厚労省、農水省などが事故関係企業に対して行う行政処分などからの独立であり、事故調査機関はそれらとは目的を別にして事故原因の解明によって再発防止対策を立案・提言することを使命とするということになる。

たとえば、消費者事故調が事故関係者から聴取した記録や原因調査報告書そのものは刑事責任追及や安全規制・監督官庁が事故関係者を行政処分するための根拠となる証拠として利用したり、民事訴訟の証拠にも使うべきではない、ということになる。

そうした扱いによって、直接当事者の率直な証言を得られやすくして、企業の体質や規制・監督官庁の安全政策の適否なども含めた幅広い要因と教訓を摘出し、充実した再発防止対策の樹立につなげるうえで欠かせない調査の中立・公正を保障する属性として「独立性」を位置づけたのである。

そのような理念としての「独立性」が確認されるきっかけになったのが、消費者庁創設に象徴される「消費者行政の転換」だった。安全規制・監督権限を持つ産業振興官庁の消費者行政が企業の立場を偏重しがちだったことを反省し、消費者本位の行政に切り替えることにしたのである。

その方針に沿って、消費者の安全を守り事故の再発を防ぐには、産業振興以上に消費者目線での安全確保を重視しなければならないが、安全規制・監督権限を持つ官庁が事故調査を行えば、自らの規制・監督責任に関わる事故要因については意図的に目をそらす可能性がある。従って、産業振興規制・監督官庁が関係しない新たな事故調査機関を設置することを国会が求めたのである。

具体例が示した原発事故調査の歪み

産業振興と規制・監督責任の両方を同一官庁が負うことで、事故調査が歪められることを象徴したケースに、東電福島第二原子力発電所三号機の再循環ポンプ破損事故について一九九〇年に資源エネルギー庁がまとめた報告書がある。

再循環ポンプは沸騰水型原子炉で出力調整機能を持つ装置だが、八九年一月、冷却水の再循環流量が不安定になり、振動も発生し始めた。原子炉を停止し分解点検した結果、ポンプの水中軸受けリングなどが破損していたことが判明した。トラブルの進行次第では破損部品が配管を破断させ、冷却水漏れなど重大事態を生む可能性も指摘された事故だった。

そのため同庁は二か月後、専門家で構成する調査特別委員会を設置し、原因究明を進めた。ところが、臨時に事故調査委員会を組織した場合、調査結果の報告書は通常なら調査委員会がまとめるのが通例なのに、その事故について「原因と対策に関する調査結果」と題された報告書は「資源エネルギー庁」の名で取りまとめられたのである。

特に問題なのは原因についての説明で、〈ポンプ内部の部品の溶接が十分な強度を確保できなかったことが直接の引き金になり、金属疲労を起こして破断した〉という、溶接作業ミスをにおわせる趣旨だった。その判断に基づき、同庁は対策として〈溶接強度を確保できる方法の採用〉などを挙げたのである。

しかし、鶴岡が当時取材した調査特別委の複数の主要委員は、〈強度不足を起こすような溶接方式を選んだ設計に問題があった〉などと設計ミスを指摘し、「我々の調査結果がこんな形で報告されるとは」と不満を漏らす委員もいた（九〇年二月二三日付け読売新聞）。

そのような報告書がまとめられた背景としては、事故原因が〈溶接作業ミスでなく、溶接方式の選び方についての設計ミス〉となれば、原発の推進とともに安全規制権限と監督責任を負う同庁の行政責任も問われることになる、という事情があったと考えられた。

三・一一の東電福島第一原発の炉心溶融事故では、原因調査が資源エネルギー庁ではなく、国会や内閣官房に設置された調査委員会に原因究明が委ねられたのも、従来の事故調査方式が信頼性を欠いてきたためと言える。

刑事捜査からも独立

一方、消費者事故調に求められる「独立性」のうち〈刑事責任追及からの独立〉について、消費者事故調の設置を定めた改正安全法は第二三条五項で、調査活動権限は「犯罪捜査のために認められたものと解してはならない」としている。これは、航空事故調から運輸安全委の設置法に引き継がれてきたのと同様な文言だが、運輸安全委の場合は、事故調査より刑事捜査を優先するとも解釈できる申し合わせを警察庁との間で交わしてきていた。

消費者事故調も、二〇一二年一一月二六日付けで消費者庁が警察庁との間で、事故調査と捜査が並行する事態での相互協調の目的で「確認事項」を交わした。

その概要は、▼支障のない限り情報を提供する▼事故調査と捜査が競合する状況で事故調査権限を行使する場合は警察側と事前に協議し、相互に支障が生じないよう調整する▼情報、資料について、双方が活用するための協力要請があれば、支障のない限り互いに協力する、という趣旨のものである。問題は「支障のない限り」を「事故調査優先」の観点で貫けるかどうかで、この点の煮詰めは後述のように検討会でも積み残された。

一方、検討会は「公正性」も定義付けた。それは「独立性」と表裏一体的な要素であり、報告書では「事故発生に関与した事業者等の特定の機関・個人や被害者等双方当事者の恣意や、事故の予防・再発防止とは無関係な機関・個人の意図、責任追及を求める機関・個人の意図に配慮しないこと」とされた。

つまり、事故調査はあくまでも個別の被害救済ではなく、原因解明による再発防止、すなわち社会の安全を高めることのみを目的とし、それ以外の事情に左右されてはならないということである。しかも報告書は、公正性の点で信頼を失わない担保として、原因解明以外の「配慮がなされるかも知れないとの疑念を外形的にも生じさせないこと」も必要とした。

様々な属性

検討会報告書は、連続勉強会で必要性が指摘された別の属性も確認した。それらのうち「網羅性」は、「『すき間事故』にも対応できること」とされた。エレベーター事故では、安全規制・監督官庁の国交省さえ事故調査に腰を引いていた経緯のほか、既存の安全規制法制の対象に含まれていない、全く新しいタイプの事故が起きる可能性をも踏まえて、〈調査されない事故分野があってはならない〉と確認されたわけである。

網羅性の内容について、報告書はさらに、調査の執行やそのための取り組みまで視野に入れて確認した。すなわち、安全規制や行政処分を行う監督官庁のほか刑事責任を追及する警察・検察などの機関・制度と事故調査との関係の整理、事故調査に共通する考え方や手法の抽出・ルール化、被害者支援を含め「事故調査を通じて得られる教訓の蓄積・他分野への展開など分野横断的なテーマへの対応」などである。それらは、後述する統一的な事故調査機関の将来像にも関わる内容を含んでいると考えられるものでもある。

しかも、報告書は「科学性や客観性の名の下で、個々の調査にとって必要となる視点や対象が見逃されてしまうことがないように、仕組みや機能を備えることも網羅性の重要な内容となる」とした。

例えば、一九六六年に起きた全日空Ｂ７２７型機の東京湾墜落事故では、当時の事故調査委員会が〈専門家としての委員の見方〉を重視するあまり目撃者の情報を重視しなかったのではないかとの疑念を招いた。また、日航ジャンボ機墜落事故で航空事故調は乗客四人が生存し得た点について「奇跡的」と表現したのに対し、遺族側からは、欧米の航空事故調査で考慮されてきた生存率向上の視点が欠如しているとの批判が起きた。そのように事故調査機関とは異なる〈目撃者や遺族の視点〉も事故調査を充実させるきっかけになり得るからである。

第四の属性として報告書が掲げたのは「専門性」で、「高度な調査能力」と定義した。ただ報告書は、個別分野ごとの専門知識だけではなく、「情報の収集・解析・傾向分析」や「ヒューマン・ファクターに関する専門性」など事故調査の全般を通じた理念や考え方に関する専門性、さらには、「分野ごとの専門家をコーディネートし、マネージするといった手法」も専門性の中身として位置付けた。

また、専門性に依存し過ぎれば、〝木を見て森を見ない〟ように、必要な視点が欠けたり調査すべき対象が見逃されるおそれもあるとして、直接該当する分野以外の視点を取り込む必要も確認した。そうした観点から、被害者らの申し出で再調査も行うこととするなど、被害者側を事故調査の枠外にとどめない方向を示したのである。

さらに、消費者事故調の調査対象は幅広く「網羅性」を持つ。それゆえに、調査メンバーとして多数・多分野の専門家を確保しておくことは望ましいものの、行政コストが過大になるおそれもある。そのため、調査体制を効率化する方策として、報告書は多数・多分野の専門家を人材バンクのように登録しておき、個別事故の調査を開始する場合には臨時の調査チームを編成できるようにする、としたのであった。

納得性も重視

一方、「賢い患者になりましょう」を掲げるNPO「ささえあい医療人権センター」（大阪）理事長として多くの患者・経験者らの共感を得ていた辻本好子さんは、胃がん闘病の身で検討会への出席を続けていたが、最終の第一四回から一八日後の二〇一一年六月一八日に亡くなられた。

その辻本さんが「消費者の〝納得〟のために」と題する提言を発表したのは第七回検討会でのことだった。鶴岡はそのタイトルを見た時点では、率直なところ「生ぬるいのでは」と感じた。報道記者としては、様々な事故で情報量を圧倒的に多く持つ企業や官庁が、自らの弱点となる情報を隠して事故原因の解明を難しくするような事例に注目してきただけに、企業や官庁との妥協にウエイトを置くかのような印象を与えた「納得」という言葉を患者でもある辻本さんが発したことに腑が落ちなかったのだ。

しかし、説明が進むにつれ納得できるようになった。例えば、インフォームドコンセントという医療用語の日本語訳を医療界側が「説明と同意」としたことについて、辻本さんは「患者が不在、患者としては異論あり」ということで反対意見を述べ、「理解と選択」として「責務を担い合うという横並びの人間関係」と対話の重要性を主張したという。

専門知識を持つ医師との安易な妥協ではなく、〈患者の私たちが、治療にも効果に不確実な面があるなど医療の限界を、どう理解し引き受けていくか〉という認識をも基に、医師側との対話を重視し、互いに納得可能な道を探れるはず、というのが辻本さんの提言の趣旨だったと理解できた。

「医療の限界や不確実性」は、病院や医師の側の技術上の限界にとどまらず、患者側の生まれながらの体質や体調も「限界」につながることは、高齢な両親などの介護を経験した人ならうなずけるだろう。

医療以外の事故についても〈「絶対安全の確立」は難しい〉という限界を前提として安全対策が煮詰められる。その際、事故の被害者と事故原因関係者の双方が納得できるような対策が考慮されるなら、対策の浸透度が深まるに違いない。

辻本さんが提言した〈納得性〉は結局、報告書では事故調査の「属性」としては掲げられなかったが、「被害者等の視点を生かす調査」は「被害者等の信頼・納得感に繋がる」と位置付けられたのであった。

四　蓄積始まった調査実績

委員長外しで独立性証明

消費者安全調査委員会（消費者事故調）がスタートした直後の二〇一二年一〇月三日、消費者・生活者の期待を示すかのように、その日正午までに電話相談窓口には八三件の問い合わせが寄せられた。そのうち、調査の申し出相談は四七件に上り、一件については、さっそく改正消費者安全法（以下、改正安全法）で定められた国民の権利としての正式な申し出手続きが行われた。

第一回の委員会では、調査対象の選び方など実務の基本的事項の確認のほか、調査方針について委員から「直接の原因だけでなく、背景要因とか間接要因とかを適切に認識して事故をみていくべき」といった意見が表明された。

実際に調査対象が決められたのは、同年一一月六日の第二回委員会においてであった。それまでに調査申し出があった二一件などについて検討が行われた結果、五件が調査されることになった。市川正子さんが調査を求めた東京都港区内のエレベーター事故のほかガス湯沸かし器事故、それに〇九年、東京都内でエスカレーターのハンドレール（手すり）に接触した男性が転落死した事故などだった。

金沢市で起きたエレベーター事故については、〈消費者用でなく業務用のエレベーター〉を理由に調査対象としなかったものの、「重要参考事案」として、事故発生翌日の一〇月一日に事故調査室員を現地に派遣して行った情報収集を、引き続き進めることになった。

調査対象の選定に当たって注目されたのは、エレベーター事故について検討した際、畑村洋太郎委員長が審議の場から退席し、松岡猛委員長代理が議事進行役を務めたことである。

その理由について畑村氏は記者会見で、「私は本件に関し、かつて複数の関係者に対してアドバイスを行ったことがあるため、調査の公正性や中立性に関する社会の信頼の確保のために、自分は関与すべきではないと考えた」と述べた。畑村氏はアドバイスを与えた対象については「それぞれの立場」の人たちというだけで具体的には語らなかった。だが、両事故のエレベーターを製造したシンドラー社が、港区内の事故後、社内に設置した独立アドバイザリー委員会のメンバーに畑村氏が加わっていたことが知られていた。

消費者事故調の設置を定めた改正安全法では第二二条で、委員長や委員、臨時委員から専門委員まで含めて「事故等原因調査等の対象となる生命身体事故等に係る事故等原因に関係があるおそれのある者であると認められるとき、又はその者と密接な関係を有すると認めるとき」は、そのような事故の調査に従事させることを禁じている。

その後、第七回委員会では、それに沿って、「調査委員会の審議の公正性の確保の観点から、原因関係者と利害関係のある委員等を調査委員会等の調査審議等に参加させない」という趣旨の「消費者安全調査委員会の委員等の職務従事の制限について」を決定した。

消費者事故調の独立・公正性を保障する規定であり、畑村氏は委員長であっても、そうしたルールに従わなければならない。そのため、調査対象の選定審議の場から退席しただけにとどまらず、エレベーター事故の調査審議にも実質的に関わることはなかった。

運輸安全委員会設置法も第一五条（職務従事の制限）で同様なルールを定めている。〈航空、鉄道、船舶事故の原因に関係があるおそれのある者と密接な関係を有すると認めるときは、当該委員長、委員または専門委員を当該事故等に対する調査に従事させてはならない〉としているのだ。しかし、後述のとおり、ＪＲ西日本の福知山線脱線事故の調査では、その規定に該当する可能性があった委員が調査報告書案の事前漏えいという不祥事を引き起こし、調査の公正さを疑わせる事態を招いた。それと比べれば、消費者事故調の調査の姿勢は、調査の公正さを保障する独立性を事実として示したと言えた。

最初の「評価」報告書

消費者事故調が初めて「評価」対象事故を選定してから八か月後の一三年六月二一日は、最初の成果を公表する日となった。エスカレーター死亡事故について国土交通省が行った調査結果に対する評価をまとめ、その結果を基に〈自ら調査〉することを表明したのである。

問題の事故は、〇九年に東京都内の飲食店で飲食した男性客（当時四五歳）の腰部がエスカレーターのハンドレールに接触した際に乗り上げ、引きずりあげられた末に、吹き抜け部から約九m下の一階フロアに転落し死亡したというケースである。

同事故については、国交省社会資本整備審議会の昇降機等事故調査部会が調査済みで、その結果は一二年四月に概要が公表されていた。だが、消費者事故調は本委員会で、〈エスカレーターのメカニズムしか見ていない。安全対策がどうだったのかも調べる必要がある〉という意見が出されたことなどから評価することにしたのである。

実際、調査申し出者も、▼ハンドレールに衣服などが接触した場合に引きずられやすくなるような粘着性が危険につながるのではないか▼引きずられて高い地点から落下するおそれがあるような高所吹き抜けの開口部やその周辺部の危険性▼接触防止や転落を防ぐ柵が設置されていない危険性、などを指摘したうえで、事故の原因究明とともに安全対策が打ち出されることを強く求めていた。

さらに消費者事故調は、広く活用されているエスカレーターの事故が、その当時でも死亡など六件の重大被害ケースを含め八件把握されていたことから、類似事故の再発防止のため、「消費者の安全を確保するという見地」からチェックするべく評価を行ったのである。

「想定」を広げた調査方針

その事故について国交省の事故調査部会は、〈エスカレーターの側面には荷物落下柵は設けられているが、人の落下を想定した安全柵は設置されていない〉ことは確認した。しかし、〈エスカレーターに隣接する通路が吹き抜けに面する部分には安全柵が設置されていた〉、〈ハンドレールの材質は合成ゴムで汚れが付きやすいが、最も普遍的に用いられている〉などとして、「本部会では、昇降機等の構造、維持保全又は運行管理に起因した事故と判断する理由がなく、調査報告をまとめる対象ではない」と結論付けていた。

背景には、同省が建築基準法・施行令に依って所管するエスカレーターの安全対策が、「通常の使用状態において人又は物が挟まれ、又は障害物に衝突すること」を防ぐという観点で定められていた事実があった。

だが、結果論であるにしても、現実に死亡事故が起き、転落事故も続発しているからには、「通常の使用状態において」という想定を広げて対策が求められていたことになる。

その点に関連し、松岡委員長代理は一三年六月二一日の会見で、エレベーター事故について同事故調査部会が行った調査を論評するかたちで、「国交省は、建築基準法はどうなっているとか、どういう基準で、現状でどれだけ（基準を：筆者注）満足しているかという視点で恐らくやったのだと思います」と述べた。そのうえで、「私どもは、普通に消費者の立場で使っていく際に危ないことがあるかどうか。もしあるとしたら、それを防ぐにはどうしたらいいかという視点から検討したということです」との考え方を示した。エスカレーター事故の「評価」にも共通する〈消費者目線での視点〉だった。

つまり消費者事故調としては、〈被害者は、衣服がハンドレールに接触した後、ハンドレールに乗り上げ、吹き抜け下に転落した〉という経過から、エスカレーターの設置状況が規制法規に反したところがなかったにしても、被害者が現に事故に遭遇したような事態が〈起こり得た〉という事実を基に調査する方針を決めたわけである。

それに沿って、▼ハンドレールへの接触防止対策の有効性と実現可能性▼被害者とハンドレールの接触角度やハンドレールの摩擦係数など、被害者がハンドレールに乗り上げるに至った様々な要素▼エスカレーターの標準的な転落防止対策は物に主眼が置かれているが、人の転落防止対策の有効性と実現可能性▼エスカレーターの利用が、ビジネスマンを主な対象とした当初の想定と異なり、児童や高齢者など一般向けに変更した場合の環境変化に伴う安全対策の在り方、という四点について、検証と解明が必要と判断したのである。

畑村委員長は、そうした想定での調査について、同日の会見で「この事故と共通点はあるが、細部まで全く同一とはいえない事故の再発防止も念頭に置いて、事故の原因が究明されているかを調査する」と述べ、事故機以外の機種での事故の未然防止につながり得る要因まで広く探る視点を強調した。

国交省の事故調査部会による調査は、エスカレーターの安全対策に関する既存の法規定に適合していなかったことが事故につながったかどうかという点から原因究明を行うという在来型の調査にとどまっており、消費者事故調はそのような従来の調査の限界を越えるべく〈自ら調査〉を行うこととしたわけである。

利用者の視点意識した専門委員

その「評価」を中心的に行ったのは東京工業大学准教授の宮崎祐介専門委員だった。評価結果の発表に際し、宮崎氏は「現状の建築基準法や事前の知識等に捉われずに、エスカレーターの利用者である消費者の視点を意識して、まず、事故全体の構造を明らかにすることにしました」と、評価に臨んだ姿勢についてのコメントを寄せた。

さらに今後の〈自ら調査〉に当たっては、「再発防止だけではなく、未然防止の観点も踏まえて（中略）多様な利用者の多様な使い方が事故の発生にどのように影響しているのかについても分析してみたい」との抱負を明らかにした。消費者事故調が目指すべき消費者目線での調査姿勢に沿って事故の原因究明に取り組むことを示したと言える。

事故原因調査を行う際に、国交省の事故調査部会のように、主に既存法令が定める安全基準に適合していたかどうかという視点にとどまらず、「消費者安全の確保」という視点に立脚することにより、再発防止対策を充実させられる可能性を、その評価結果に基づく〈自ら調査〉に臨む検証・解明の観点はうかがわせたのである。

「評価」に対する自他の評価

「評価」のファーストケースについて松岡氏は、〈今後のひながたができたので、これに当てはめてやっていけば、評価・調査は随分スムーズにできると思っている〉、〈幅広く丁寧に検討した結果、消費者に分かりやすい評価書ができたのではないかと考えております〉と語った。「評価」や「自ら調査」に取り組む姿勢と方向性について、消費者事故調にふさわしいものとなった、との自信をうかがわせた言葉だった。

その評価書は、事故の概要のほか、調査対象としての選定理由や実施経過、評価作業をどのように行って結論に至ったのかを含め、評価の視点を示すことなどによって、国民に分かりやすく構成されていた。そのような書き方は、従来の様々な事故調査報告書にもあまり見られなかっただけに、独自色を出す結果ともなったのである。

そのようなエスカレーター事故の「評価」と、後述するパロマガス湯沸かし器事故に関する「評価」ぶりについて、全国の主な消費者組織が参加する全国消費者団体連絡会（以下、全国消団連）の下で製品安全問題をテーマとして活動しているＰＬオンブズ会議は一三年九月、消費者事故調の発足一周年に向けた意見書で、「事故製品だけに目を奪われがちな既存省庁による調査と違い、事故を取り巻く環境や人間の行動にまで踏み込んで、事故を起こさないためには誰が何をすべきであったかを幅広く検討していることがうかがわれます」と記した。

朝日新聞の一三年六月三〇日付け社説も「『誰が悪かったか』でなく、『どうすれば防げたか』を解き明かす。（中略）初仕事は、その意義を十分物語った」と高く評価した。

ただ、評価書取りまとめの時点でも、国交省の再発防止対策の不十分さをうかがわせる内容となっただけに、発表当日の会見で報道陣からは、〈自ら調査の結果をまとめる前の段階でも、所管官庁の国交省やエスカレーター取扱い事業者に必要な対策を提言しないのか〉といった質問も投げかけられた。メディア側では、〈他官庁が行う事故調査に対して〝もの言い〟をつけられる権限を持つ消費者事故調が、本当に言えるのか〉と疑問視する声が当初からあったが、それを改めて表明した質問だった。

これに対し松岡氏は、〈まだ明確に提言できるだけの結論が出ていないので、自ら調査を行う〉としたうえで、〈（再発防止のために行うべきことがあるとの趣旨の：筆者注）評価書を出したことで、消費者への注意喚起のほか、法規制による制度変更や防護柵の設置義務付けも重要ということを発信している〉

との趣旨の説明を行った。そのうえで、〈自ら調査〉の結果によっては、国交省に対しては建築基準法の見直しを、関係業界には自主規制を促すような提言を行う可能性を示唆した。

エレベーター事故評価ようやく

市川さんが調査を申し出ていた東京都港区のエレベーター事故の扱いは、消費者事故調の発足段階から注目されていたが、「評価」の結論をまとめたのは一三年八月だった。エスカレーター事故と同様、やはり〇九年に国交省の昇降機等事故対策委員会が行っていた調査をチェックした結果だった。

同事故対策委の調査は、事故機本体の原因究明はもちろん、港区の事故以後に国交省がエレベーターのブレーキなどの点検とその報告を従来より詳細に行わせるようにしたこと、後述の二重の安全装置を義務付けたことまで含む再発防止策の検証をも行ったものだった。

だが、市川さんは、〈本体の構造的な面の調査ばかり〉という点に不満を抱き、消費者事故調への調査申し出理由をまとめた。同事故対策委の調査は、事情聴取の面などで強制調査権限なき調査の限界があったうえ、同事故対策委がエレベーターの安全規制責任を負う当事者としての国交省に所属している事情も重なり、保守管理など背景要因の追求は不徹底、と感じたためだった。

市川さんの指摘について、消費者事故調は「事故の背景にある人的要因、組織的要因（製造者・所有者・管理者及び独立系保守管理業者＝メーカーに直結していない保守管理業者：筆者注＝のそれぞれの問題点と相互の契約関係等の問題点）並びに技術的要因の全面的な調査解明と再発防止対策を求めている」と受け止め、評価対象に選んだのであった。

評価書取りまとめの時点で、三人の担当専門委員のうち仲野禎孝・国民生活センター商品テスト部テスト第二課長は「申し出者の思いを起点として、消費者の目線で見えてくる新たな疑問点にできる限り焦点をあてるよう心がけました」と明かした。

〈消費者の納得〉を得られることを目標として、国交省の事故対策委が究明し切れなかった面まで迫ろうとしたわけである。

広げられた検証テーマ

エレベーター事故の「評価」にあたって消費者事故調は、付与された強制調査権限に基づき、同事故対策委が詳しくチェックした〈本体各部の設計・製造〉以外の多岐にわたる問題点も、同事故対策委の調査の限界を超えて調べようとする姿勢で検証した。

主な究明テーマとしては、▼本体の定期検査など保守管理に関する建築基準法関連の法令や、それに基づく実施状況のいずれにも問題がなかったのか▼同事故対策委の調査では、事故機種の保守管理マニュアルが保守管理、点検事業者に渡されておらず、保守管理、点検事業者側も入手しようとしていなかったことが判明していたが、設計・製造、保守管理、点検の面で安全に関わる情報の共有や不具合情報の活用が不十分だった事情▼万一、事故が発生しても、市川大輔君のように死者が出るような重大被害に発展しないようにするための救助のシステムや体制、手順に問題があったのではないか▼国交省の規制・監督行政の問題の有無、などを掲げた。

つまり、市川さんが〈国交省の調査は不十分〉と感じていた、事故のメカニズム以外の点が多く含まれていた。なかでも被害重大化の防止策に対する着眼は、日航ジャンボ機墜落事故の調査などでは欠落していた点であり、〈消費者目線〉を象徴する一例だった。

また、国交省は港区の事故後、エレベーターの戸が開いた状態で作動しないようにする装置に加えて、万一、作動した場合に停止させる二重安全装置を〇九年九月以降に着工したエレベーターに設置することを建築基準法で義務付けたが、それ以前から使用されてきた約六七万台については設置対象外とされていた。そのため、義務付け以前に製造されたエレベーターで同種事故が引き続き再発するおそれがあるだけに、消費者事故調は改めて、国交省が事故後に打ち出した対策の適否も検証、評価することにしたのである。

二番目の「自ら調査」へ

その評価に際しては、国交省事故対策委の後継組織である昇降機等事故調査部会が金沢市で起きたエレベーター事故について行った調査に基づき、一三年二月にまとめた中間報告の内容をも検討対象に含めた。一連のチェックを経て、消費者事故調は港区の事故も〈自ら調査〉する必要があると結論付けた。

エレベーターの保守管理や点検の面については、港区の場合のように保守管理事業者が交代する場合があり得ることから、トラブル情報はもちろん保守点検情報や技術情報についても、交代した事業者も共有できる制度を検討するため実態を把握したり、製造業界や保守管理業界の各団体が事故防止を視野に事故事例などの情報を共有しているのか、といった共同取り組み状況まで検証する必要がある、とした。

戸が開いたまま動き出すのを防ぐ対策について、国交省は港区の事故以前に設置された約六七万台の安全対策をどう扱うかのほか、走行状態チェック装置など手厚い安全装置の装備を義務付けている外国の対応まで参考にして検討する必要がある、とした。

被害重大化を防ぐ問題について松岡氏は会見で、「実は、（中略）戸開走行が起こるとか、挟まれるとかいうことは従来、あまり考えていなかったと思われるのです。そういう事故が起こったときに、それをいかにして救出するかという方策が、マニュアル化がまずされていない。手順書がない。救出するための道具とか装置が整備されていない」という、利用者にとっては意外とも思える事情を明かした。

エレベーター事故は一三年一月から一四年二月までの間に報道されたケースでみても、急降下や閉じ込めなど重軽傷者が出たものを含めて一三件も起きていた。その安全対策に、松岡氏が説明したような不備があったことは、〈被害者の立場〉の観点がなければ視野に入ることがないだけに、消費者事故調の〈自ら調査〉が期待されるのである。

松岡氏はまた、〈自ら調査の結果、必要があるとの判断に至れば、国交省に対し二重安全装置の設置を港区での事故以前に取り付けたエレベーターにも義務付けるよう求めることもあり得る〉とした。他官庁に対して〈もの言い〉をつけることをためらわない姿勢を表明したと受け取れる言葉だった。

懸念された調査の遅れ

当日の会見で報道陣からは、「独自調査のポイントを絞ったことには意味がある」などと、〈自ら調査〉の観点を明確にしたことを評価する声が出た。だが、〈自ら調査の最終結果を出すまでに、さらに時間がかかってしまうのではないか〉という趣旨の質問も出された。

市川さんが消費者事故調発足一周年の一三年一〇月、同事故調や消費者問題担当大臣宛てに提出した要望書で、「事故調査の進展が遅いのではないかという思いを感じざるをえません」と指摘していた事情もあったからで、それ以前でも、「消費者事故調　出足鈍く」（同年四月五日付け日本経済新聞）などと報道されてもいた。

実際、消費者事故調の取り組みの遅れに対する懸念は、国民からの調査申し出を認めて調査するかどうかを判断したり、調査や評価対象の選定にかける日数、さらには〈自ら調査〉の進行見通しまで含めて、会見のたびに再三、報道陣から示されてきた。

例えば、エスカレーター事故の評価報告を行うスケジュールについては、当初の「一三年四月」が「六月」に延び、港区のエレベーター事故の評価取りまとめも「一三年六月」に置いていた目標時期が二か月延ばされたという現実もあったからである。

エスカレーター事故の評価結果の発表の際にも、報道陣から取りまとめの遅れについて説明を求める質問が出された。これに対し、松岡氏は〈最初の報告書ということもあって、報告書の構成や、消費者にどう分かりやすく伝えるか、評価のスタンスの在り方などの議論に、評価の内容以上に手間取った〉という事情を説明した。

一方、エレベーター事故評価について畑村氏は、発表会見の際、「ここまでようやく来たなという感じです」、「これ以上早くやろうといっても、無理ではないか」と述べるにとどまった。

調査の遅れは消費者事故調の発足後の重要な問題点であり、第八章で改めて取り上げる。

具体化した捜査との調整

一方、港区のエレベーター事故については警視庁による捜査に基づく刑事裁判が先行しており、消費者事故調にとっては「事故調査機関の在り方に関する検討会」で焦点になった捜査との調整の仕方が問われる初のケースになった。

まず問題になるのは、証拠物件の検証を十分に行えるのか、という点である。会見では報道陣から、〈遺族側は警察が押収した機材の調査を求めているが、どうか〉という質問も出された。

これに対し松岡氏は、〈現物はできるだけ調査したい〉と述べはしたが、問題点は既に「評価」の過程で確認されていた。松岡氏はブレーキ部品について、「証拠品として押収されてしまっていて、なおかつ現状が分解されている状態で、試験ができない状態になっているらしいのです」と言及していたのである。

それでも、漏電やショートのためにエレベーターが異常走行したかどうかは「ある程度確認できるだろう」とも述べたが、やはり、捜査側が証拠物件を先んじて押収・管理した場合に生じかねない支障が確認されたかたちになったのである。

報道陣からはさらに、〈（捜査先行が：筆者注）事情聴取で率直な説明を得るうえで阻害要因になるのではないか〉、〈（事情聴取での証言を刑事司法の側から証拠として利用することを：筆者注）求められた場合にどうするのか〉などの質問が出された。

松岡氏は〈事情聴取は、まずは調査権行使ではなく任意聴取として行いたい〉としたうえで、〈証言を裁判で使っては困る、というのが我々の立場であり、証言を裁判に提出する可能性はないと考えてもらってよい。調査報告書でも、誰がどんな証言を行ったのか、はっきり分からない形でまとめたい〉と述べ、別の事故の調査で事情聴取に支障が出ないような工夫を考慮する意思を示したのであった。

疑問視されたガス湯沸かし器事故評価

❖「自ら調査」見送った結論

待たれていた消費者事故調初の最終報告書がまとめられたのは一四年一月二四日、対象案件はパロマ工業製ガス瞬間湯沸かし器事故だった。それまでの実績についてのメディアなどの反響は、消費者事故調に、ある程度の注文をつけながらも概ね好意的だったが、このケースでは一転、厳しい評価が消費者団体側からさえ示された。

一連の同ガス湯沸かし器事故について経済産業省は〇六年八月、総点検の結果と対策をまとめたが、直接のきっかけになったのは〇五年一一月二八日に東京都港区居住の上嶋浩幸さん（当時一八歳）が一酸化炭素中毒死したケースだった。総点検報告書によれば、修理業者による安全装置の不正改造が原因となって死亡者が一八人に上った事故を含めて計二八件の事故が起き、二一人が死亡、重軽傷者は三九人に上った。

直接の原因について同省は、換気用ファンがストップした場合にガスの供給を止める安全装置の不正な改造が行われたことなどから、不完全燃焼による一酸化炭素中毒が発生したとし、不正改造のきっかけとして、排気用ファンなどを制御するボックス内でハンダ割れが発生しやすくなっていたことなどもあったとした。

総点検の結果、▼ガス機器事故の情報収集体制に不備があった▼省内の複数の関連部署間や、消防、警察やＮＩＴＥ（製品評価技術基盤機構）などを含め事故原因の究明につなげる横の連携が不十分だった▼事故情報を消費者に適切に伝えていなかった▼不正改造や部品劣化による事故の防止のための技術基準に不備があった、などが反省点として挙げられた。

そのうえで同省は、重大事故情報の報告義務化や、省内外の関連機関との情報共有・連携体制の整備、欠陥製品を回収・無償修理するリコールを適切に行い消費者に周知するための仕組みの見直し、不完全燃焼防止装置の義務付けなど、法令改正を含む三一項目の改善対策を打ち出した。

消費者事故調は、そうした総点検報告を評価した結果をまとめたのである。評価対象には、パロマや経産省が事故後に採用した対策も含められた。

評価作業では、事故発生経緯を詳細に分析したうえで、▼安全装置を改造しやすい設計にしていたのは、故障した場合にチェックしやすくするためだった▼迅速なリコールに必要となる問題製品の販売先情報が記録されていなかった、ことなど総点検報告で言及されていなかった点も明らかにした。

一連の評価作業の途中、一三年二月二二日の会見の時点までに、消費者事故調の事故調査部会では、経産省の対応について「再発防止のために実施された法律改正など広範な処置に対するポジティブな評価」の声が上がっていることが明らかにされていた。その延長線上で、総点検報告については「おおむね妥当」と認め、〈自ら調査〉は行わないとの判断を下したのである。

ただし、経産省に対する「意見」として、▼〈改造禁止〉について、その旨を製品に表示するほか、現場作業員にまで周知徹底を図る▼保守作業などを行う事業者が、メーカーに対応の仕方を問い合わせられるルートを明確にしておく、といった対策を進めるよう関係業界団体を指導するよう求めた。

「所感」めぐって質疑

その最終報告で特徴的なのは、「本件事故から学ぶべきこと」と題する消費者事故調としての「所感」

が添えられたことである。事故の教訓として、〈問題点を総合的、横断的にとらえ〉たり、〈消費者の要請に応えられなくても安全性を担保する経営者の姿勢〉の必要性など、他の事故の未然・再発防止にも共通して求められる注意点を示したものだった。

ただ、浩幸さんの母、幸子さんは「回収が進まない原因を洗い出してほしかったのに、何も提言していない」（二〇一四年一月二六日付け産経新聞）と不満を語った。

「所感」では、当時の段階でも問題製品の回収が年間一〇件程度行われるなど継続していることに言及したうえで、「リコールの実効性を高めるための取組が進められることを期待する」とされてはいた。だが、具体的な改善提言も、改善策の実施を求める宛先についての言及もなかったことが不満を生じさせたとみられた。

発表当日の記者会見では、報道陣の質問も厳しかった。〈なぜ、具体的な「提言」や「意見」にしなかったのか。位置づけが曖昧ではないか〉との趣旨の質問が投げかけられた。

それに対し畑村氏は、「一つの事例だけを取り上げるのではなくて、別の分野の違うところで起ることにまで、ここで得られた知見もきちんと広げる」といった目的を「所感」にこめた事情を説明した。いわば、個別の事故の調査で得られた知見のうち一般的な教訓になり得ることを、調査報告書本体とは別に提示したというわけである。それにしても異例な示し方だったため、報道陣からの質問が相次いだのである。

具体性欠いたリコール改善提言

全国消団連とPLオンブズ会議も翌二月、連名で出した意見書で、「裁判所の判決での指摘を越えた広い視点から事故原因を解析している点で評価できます」としながらも、「リコール製品の回収が進まない原因を洗い出し、関係方面に取るべき対策を提言すべきでした」と指摘した。そのうえで、今後は「事故の再発防止に資する明確なメッセージを発し、国民の期待に応える提言を行うことを期待します」と求めた。「所感」の抽象性に対する不満をうかがわせる指摘だった。

会見ではメディア側から、事業者の自主的対応を基本とする現行のリコール制度について、〈リコール基本法のような法的整備を求める議論が（内閣府消費者委員会の消費者安全専門調査会で：筆者注）行われてきたが、検討しなかったのか〉といった質問も出された。

その専門調査会には筆者鶴岡も参加しており、同じ調査会の委員だった主婦連の佐野真理子事務局長（当時）とともにリコール制度の見直しを求める意見を一三年一月まで述べてきていた。二人とも、内閣府が〇九年の自主リコール指針取りまとめに向けて行った検討以降、一連のリコールの在り方の見直し審議に加わってきたなかで、現行の自主リコール方式には限界があると見ての提言だった。

例えば、自社の製品が消費者に危険や不快感を与える可能性を察知して数日後にリコールに踏み切り公表する企業がある一方では、消費者からトラブル発生のクレームが寄せられたケースに対して回収・修理に取り掛かり始めても、そうした対応を公表するまでに数か月もかける業界トップ企業があるなどバラつきが目立ってきていた。真面目な企業と、そうでない企業の間に不公平感が拡大するだけでなく、リコールに積極的な企業が消極的な企業に引きずられかねない流れになっていたのである。

リコール法制度の見直し意見は、そうした事態を防ぐには、法の網をリコール全体にかけることによって消極的な企業の責任意識を高め、回収率を上げるのに欠かせない流通・販売企業に対する法的責任も明確化するなどの必要性がある、などといった趣旨だった。

しかし消費者委員会は、ガス湯沸かし器事故調査に対する評価結果がまとめられた時点では、そうした意見に沿って自ら検討の場を設けたり、消費者庁に検討を促すといった措置に踏み切らないままの対応を続けていた。

そうした経緯に加え、ガス湯沸かし器事故ではメーカーをはじめ様々な事業者が関わりながらリコールが行われないまま被害が拡大しただけに、消費者事故調としては、例えば消費者委員会に対し、リコール法制度の見直し検討を促す余地はあったのではないかと、鶴岡には感じられた。

その点については消費者事故調側も念頭に置いていたらしく、「所感」でリコールの実効性向上に言及した趣旨について問い合わせた鶴岡に対し、〈消費者委員会などでも議論が行われているので、そういったところも応援していく意味合いも込めた〉と説明した。

いずれにせよ、消費者事故調にとって、上嶋さんのような事故被害者の視点を原因究明に基づく提言にどの程度反映させるべきかは、今後の課題となったといえる。

「おおむね妥当」判断の背景

一方、上嶋さんらが求めたような、現行の法制度の下で問題のガス湯沸かし器の回収率を上げる対策については、その事故を機に経産省がリコールのガイドラインに相当するリコールハンドブックを二〇一〇年版として改訂するかたちで検討し、まとめていた。

鶴岡はその議論にも参加したが、消費者安全専門調査会を含む一連の議論の場でも、〈企業がリコールの窓口を閉じてはならないが、一〇〇％回収は困難〉という点で意見がほぼ一致していた。アンケート調査結果では、〈リコールされていることには気がついていたが、修理を依頼しなかった〉という消費者の声も決して少なくなかった。つまり、企業や行政側がいかに回収に努力しても、「一〇〇％」を実現するまでには越えるのが難しい壁に突き当たらざるを得ない現実があることが認識されていたのである。

問題になったパロマ製ガス湯沸かし器の場合は特に、一九八〇年に製造が開始されていた。それだけに、湯沸かし器を設置した建物が老朽化による取り壊しなどとともに廃棄された製品があることも十分に推察される。

そうした事情もあって消費者事故調は、経産省の総点検に対して「おおむね妥当」と判断したわけだが、発足以後、最も厳しいムチを受けたかたちとなった。

初の〈自ら調査〉結果

水深がわずか二〇㎝の神奈川県内の幼稚園プールで、三歳の男子園児が溺死するという、保護者にとって衝撃的な事故が起きたのは二〇一一年七月だった。

消費者事故調は、▼幼児は自分で危険を避けるのが難しい▼幼稚園でのプール活動という、幼児にとって身近な状況で危険な事態が生じる可能性がある▼溺水事故は重大被害につながる可能性が高い、という理由から、保護者の調査申し出に沿って調査することを同年一一月に決定し、原因究明を進めた。その結果、一四年六月二〇日に報告書を公表したが、「評価」に基づかない〈自ら調査〉の成果としては初めてのケースとなった。

プール事故では、男児がプールにうつ伏せになっているのを教諭が見つけ、すぐ園担当クリニックに運んだ後、救急搬送されたが死亡が確認された、との経過をたどった。

だが、男児がうつ伏せになって溺れたきっかけについては、消費者事故調は究明できず、報告書でも、男児はプール活動中、「身体が腹ばいの状態になり、鼻と口が水面に近づいた際に何かの拍子に水を吸引してしまった可能性がある」と推測するにとどまった。

この点は、一〇月に公表した経過報告書で、プールに監視カメラが設置されていなかったため物理的な立証材料がなかったことなどから「事実関係の確認が難しい」としていた。

それにしても消費者事故調は、調査を進めたことで、幼児の場合、プールの水深が浅くても、▼身体のうち頭が大きく重心が高いため、転倒しやすく起き上がりにくい▼転んで気が動転して気道に水を吸い込むことがあり、起き上がりなどの対応能力が低下する。その結果、〈周囲に助けを求めたり、水音を立ててもがいたりすることなく、静かに溺れることがある〉という、意外ともいえる危険性を明らかにした。

その調査を通して、主に▼プールにうつ伏せ・溺水状況になった事態をいち早く発見する▼発見後、救命措置をスピーディーに実施する体制の整備など、被害の重大化を防ぐ提言をどの程度行えるか、が問われるかたちになった。

そうした観点から、消費者事故調は先ず、溺水状態の早期発見体制について、同幼稚園ではプール活動の指導担当とプールの監視担当を同じ新任の教諭が兼任していたうえ、新任教諭に対するプール内監視のポイントなどに関する事前指導が十分でなかったことなどを背景に「監視の空白」状況が生じていたことを指摘した。

また、園側は男児をプールから引き上げた後、事務所に運び、口に手を入れて水を吐かせようとしたものの、一一九番通報のほか心臓マッサージを行っていなかったと考えられる、と判断した。さらに、園側は緊急時の対応手順を文書でまとめたり、園児が危険な状況になった場合の救命などの教育や訓練を行ってもいなかったことを確認した。

そのうえで、再発防止対策として▼監視と指導の担当者を別に配置し、監視の漏れをなくす▼児童は浅いプールでも溺れる可能性があることを含め、監視のための事前教育を十分に行う▼管理者は救命など応急措置教育の場を設けたり緊急時対応マニュアルを配備する、などを提言した。

さらに、それらの実施に向けた「意見」として、教育施設や公園などのプール関連の行政を所管する文部科学省や厚生労働省のほか、消費者保護行政を預かり消費者事故調自身が所属する内閣府の消費者庁に対しても、地方自治体や関係団体に再発防止策を講じるよう求めるほか、事故情報を共有することなども求めた。

〈自ら調査〉結果次々に

そのケースに続き、消費者事故調は一四年七月、やはり〈自ら調査〉の結果の第二弾となった機械式立体駐車場の事故等原因調査報告書を発表した。〇七年以降、少なくとも二六件（うち死亡事故一〇件）も発生していたことを重視して調査することにしたケースだった。

原因究明は、自動車を駐車場に導入する台を動かす方式のうち、駐車装置を昇降させたり横方向に移動させるシステムやエレベーター方式など四つのタイプの事故について実施し、事故の再発防止対策を、広く各方式ごとに探った。

その結果、報告書は、「設計時の想定と、現実の利用実態が大きくかい離している」にもかかわらず「安全確保を利用者に過度に依存したために事故を防げなかった」ことを指摘したうえで、直接利用者のほか同行家族の安全確保も視野に入れた対策を示した。非常停止ボタンやセンサーの設置など安全装置等による対策だけでなく、回転式のパレットと壁の間に人ひとり分のすき間を確保することなど、危険源そのものを減らす本質的安全設計の思想に基づく対策も提案している。また、新設される立体駐車場に留まらず、既存の設備への対応策も盛り込まれた。

その調査結果について、七月一九日付け読売新聞は、「設計を根本から見直していれば、多くの事故は防げたはずだという事故調の指摘はもっともだ」と評価した。

プール事故にしても機械式立体駐車場での事故のように、一件当たりの被害者が少ないケースは、そのゆえに時々の社会の注目度は低いのが通例だ。しかし消費者事故調は、続発していることを重視して、基本任務というべき〈自ら調査〉を進め始めたのである。

五　戦後事故調査の変遷

調査体制の整備を促した航空事故

小さい事故調査機関としての誕生は、法に基づいて発足した常設の事故調査専門機関である運輸安全委員会の前身で、現在のような鉄道と船舶の事故調査を担当分野に含めていなかった航空事故調査委員会も同じだった。やはり専門調査機関として創設された消費者事故調の大きな特徴は、消費者庁の検討会で航空事故調の発足時以上に煮詰めた事故調査の理念を踏まえて創設された点にある。そのことで、戦後の事故調査は新たな段階に移ったとみることができる。

検討会が確認した事故調査の主な目的は、原因究明により予防・再発防止策につなげることだが、それにとどまらず、「消費者が安心して暮らせる安全な社会の実現」をも目標に掲げた。〈安全な社会の在り方〉まで視野に入れたことにより、消費者事故調が対象とする個々の調査案件以外の事故防止対策にも寄与するような知見を見出そうとする姿勢を示したとも言える。

そうした事故調査の姿が確認された背景には、それまでの内外の事故調査で積み上げられてきた教訓があった。

戦後の日本に常設の事故調査機関が存在しない状況での事故原因の究明で大きな比重を占めてきたのは警察による捜査だった。それ以外では、国や自治体とも規制行政のために行う調査のほか、企業では内部調査というかたちで行われてきた。しかし、警察の捜査による原因究明はあくまで刑事責任追及が主目的であるなど、官民とも原因究明は目的が限定的であるため、奥も幅も広く再発防止策を探る方向につながりにくい面があった。

そうした壁を越える可能性をはらんでいたのは航空事故の調査をめぐる動向だった。一つ間違えば致命的事態に陥って多数の犠牲者が出る特徴から、世界的に真剣な取り組みが行われてきたためで、敗戦後、占領軍によって禁止された日本の航空事業が復活してから、日本の事故調査の体制も徐々に整備されるようになった。

消費者事故調の以前では唯一の事故調査専門常設機関だった運輸安全委は、旧運輸省の航空事故調から航空・鉄道事故調査委員会を経て改組され、旧運輸省と旧建設省が合体した国土交通省の外局として海難事故も調査対象に含めるに至っている。法定の権限を持った常設調査機関としては消費者事故調の先輩にあたるだけに、消費者事故調の法規定も運輸安全委のそれにならったものが多いが、検討会報告書は運輸安全委を超える方向をも示した。だが、先ずは運輸安全委までの経緯を振り返ってみる。

連続航空事故の衝撃

以下、「日本航空史」（財団法人・日本航空協会）などによれば、戦後の日本で航空事故調査がスタートしたのは一九五二年、日航が米・ノースウエスト航空に運航を委託したマーチン202型機が大島・三原山に激突し三七人全員が死亡した事故だったとされる。

その後も墜落や空中衝突事故などが続いたが、調査の在り方が大きく問題視されるきっかけになったのは、六六年に四件の重大事故が連続発生したことだった。

つまり、二月四日には全日空のB727型機が羽田沖の東京湾に墜落して一三三人全員が死亡。翌三月四日にはカナダ太平洋航空のDC8型機が羽田空港の滑走路端の防潮堤に激突して六四人が死亡し八人が負傷。その翌日の五日には英国海外航空B707型機が富士山近くの御殿場上空で空中分解して一二四人全員が死亡。さらに同年一一月一三日には全日空YS11型機が松山空港で着陸復航後に沖合に水没して四九人全員が死亡したのである。

それまで運輸省は航空局航務課員に事故調査を担当させていたが、六七年に調査要員六人を擁する航空事故調査課を新設し、学識経験者や同省担当官らから成る事故調査団を随時組織して調査に当たった。海外の航空会社やメーカーが関係する事故ではアメリカやイギリス、カナダといった旅客機先進国のメンバーも調査に参加したため、日本側の調査に刺激を与えることにもなった。それもあってか、前述の英、加二か国の海外航空会社機事故を調べた調査団の守屋富次郎団長は、調査終了の時点で運輸大臣に向けて、当時の航空事故調査課の体制を強化することを提言した。

他方、旧通産省が開発に関わったＹＳ11型機事故とＢ７２７型機事故ではいずれも〈原因は不明〉との調査結果に終わったことにも関連し、調査団の構成を含めて疑問や批判が出された。

ＹＳ11型機事故では旧通産省職員のほかメーカーの代表まで加わっていたこと、Ｂ７２７型機事故でも調査の主体である運輸省がＢ７２７型機の日本への導入推進役を務めていたほか、やはりＢ７２７型機を推薦してきた木村秀政・日本大学教授が同省に設置された事故調査団の団長に就任していたためである。航空・安全ジャーナリズムの先駆者となった柳田邦男氏は著書『マッハの恐怖』（七一年、フジ出版社）で、木村氏が最初の会合後の記者会見で「故障に対する安全性でこれまでのどの飛行機よりも考慮が払われている」と述べたと記している。

つまり、運輸省は航空行政の観点から、木村氏は航空専門家として、ともにＢ７２７型機を高く評価してきたゆえに、墜落の原因が〈機材の不具合〉にあったとなれば、ともに責任を問われかねない立場にあった。それにもかかわらず、木村氏は調査団のトップの座に就き、調査団員には同省から航空局長や担当課長三人も参加していたということで、調査の独立性が問われることになったのである。

その事故調査団は、調査に四年八か月もかけながら、七〇年にまとめた報告書では「機材の不具合は発見されませんでした」と判定したことにより〈パイロットの操縦ミス〉を示唆する一方で、原因は「不明である」と結論づけた。結果として、その限りで再発防止の教訓は得られないことになったためもあって、調査の在り方が批判された。

他方、B727型機事故調査団に参加していた山名正夫・東京大学教授は、機体の残骸を基に実証的に調査を進め、揚力を減らす装置であるグランドスポイラーが開くタイミングが東京湾への進入中で早すぎた、という可能性を明らかにするなど、機材の不具合が事故原因となった可能性を指摘した。だが、木村氏ら調査団の大勢は、残骸や遺体の状況、目撃証言などを軽視したまま報告書をまとめたとして、山名氏は報告書取りまとめの最終段階で辞任するという不透明な結末となったのであった。

それらの事故の調査をめぐる議論から、事故調査に求められる要件として、専門性の高さのほか、事故の責任に関わらない人材で構成する独立性、さらに、調査結果を類似事故の再発防止に活かしたり、調査手法の工夫の引き継ぎなどに役立つ調査機関常設の必要性などが浮かび上がっていった。世界では、第二次世界大戦終了後の四七年、民間航空のルールを検討して定める役割を担う組織として国際民間航空機関（ICAO）が発足し、日本も五三年に参加したが、そこで航空事故調査の在り方が第一三付属書で示されたことも、日本での航空事故調査の議論が活発化する基礎となった。

航空事故調の設置を求める機運を高めたのは、七一年に起きた連続航空事故だった。七月三日には東亜国内航空のYS11型機が函館空港北北西の山岳部に激突して六八人全員が死亡。同月三〇日には全日空のB727型機が岩手県雫石上空で、訓練中の航空自衛隊F86F戦闘機と衝突、墜落し、全日空機の一六二人全員が死亡した。両事故の原因解明も随時の調査機関設置方式で行われたが、調査終了時には、いずれも航空事故調査委員会の常設が提言された。個別事故ごとに設置する調査団方式では「適確かつ迅速な調査が行えない」ことなどが認識されたためだった。

そうした声に対応し、運輸省は七一年から航空法制改正検討委員会で検討を進め、七三年に航空事故調査委員会設置法が制定され、翌七四年に五人の委員と一〇人の事故調査官を擁する航空事故調査委員会が発足したのだった。

鉄道、船舶事故も対象に

他方、個別事故ごとの調査組織設置など、航空事故調査が経験してきたのと同様な問題点については、鉄道事故の調査をめぐっても改善が求められた。特に、九一年に四二人の死者を出した信楽列車事故後、検討会などの議論にも参加した佐藤弁護士をはじめ遺族や学者らが鉄道安全推進会議を結成し、独立した鉄道事故調査機関の常設を求めた。それをきっかけとして、二〇〇一年には、航空事故調は鉄道事故の調査も行う航空・鉄道事故調査委員会に改組されたのである。さらに〇八年には、海難審判庁が行っていた海難事故の原因究明をも調査活動に含めた運輸安全委員会に発展した。

それまでの海難審判庁は、海難審判によって海難事故の原因究明と、船員の事故責任に対する懲戒の両方を行っていた。その後、前記日本学術会議の提言に接するなどして、▼「短絡的に過失責任が問われることのないようにする」▼「システム性の事故や組織が関与した事故の要因分析によって背後の要因を明らかにし、事故分析に役立てる」（以上、第四回検討会ヒアリングでの運輸安全委側説明）、といった視野の広い事故原因究明の必要性を確認した。

さらに、国際海事機関（ＩＭＯ）の海上人命安全条約の改正により、事故調査コードに基づいて、懲戒のための事故責任追及と安全確保のための事故調査を分離することが強制義務化された事情もあり、海難審判業務から海難事故調査を分離して航空・鉄道事故調に統合し、運輸安全委に編成し直すことになったのである。

同ヒアリングで運輸安全委側は、それまでの海難審判業務では〈懲戒のための過失認定〉を行うことから、「事故の直接の原因である船員の行為だけを追及すると、深いところにあるような要因に対して措置を講ずることなく終了してしまう、あるいは船舶工学的な分析に弱いとか行政機関に勧告が出ていないというような問題があった」と率直に認めた。

懲戒という責任追及のための調査には、刑事責任を追及する刑事捜査に似た限界があったわけで、運輸安全委というかたちで航空と鉄道のほか船舶分野まで含めた調査体制が実現したことは、事故調査の目的と意義が従来以上に広く認識されたことを示したのである。

進展してきた事故調査論

航空事故調からスタートした運輸安全委は、組織形態と機能が三段階で異なってきはしたが、調査活動の基本的な性格は航空事故調設置の際に形作られた。設置に向けて運輸省は、米国家運輸安全委員会（NTSB）を中心としたアメリカの航空事故調査体制と運営状況を調査したほか、航空事故調査委員会設置法第一五条で、事故調査の進め方を国際民間航空機関（ICAO）条約の第一三付属書に盛り込まれた調査の標準、方式、手続に準拠させることを定めたのである。

第一三付属書の要点としては先ず、調査の目的として「将来の事故または重大インシデントの防止」であり、「罪や責任を課す」ことではないとしていることが挙げられる。航空事故調設置法では、その点については、調査目的は事故原因の究明と「航空事故の防止に寄与する」とした第一条で対応させられた。

第一三付属書はまた、事故調査機関の性格について「独立性を有し、制限されない権限」を持つとしている。航空事故調査委員会設置法も第四条で「委員長および委員は独立して、その職権を行う」とし、第六条で国会の同意を得て運輸大臣が任命するとしていた。

そうした事故調査の指針としての第一三付属書の影響もあり、航空事故調査の経験が重ねられるなか、航空分野の行政や学界、パイロットや整備員など航空現場の関係者からジャーナリズムまで含めて、調査の在り方についての議論・意見が徐々に成熟してきた。

B727型機事故の調査の在り方を批判するかたちで事故調査委員を辞任した山名氏は、その約六年後にまとめた著書『最後の30秒』（朝日新聞社）で、「事故調査の目的は、先ず第一に、事故の原因を究明して、同種の事故を防ぐことである」と、消費者事故調の創設でも確認された基本原則としての見解を明示した。同時に、「しかし破壊した機体を見てゆくうちに、設計者にも気がつかなかったような欠点が目につくことがある。このような欠点は、その事故の原因ではなかったにしても、別種の事故の原因となりうるのだから、できるだけ早期に発見して、改善しておくことが大切である」とした。

すなわち、事故調査においては事故の直接の引き金になった要因を突き止めるだけでなく、その他関連の不安全要因まで洗い出せれば事故防止に広く役立てられる、という視点だ。そうした見解は消費者庁検討会でも確認されることになったのである。

雫石上空の空中衝突事故では、民間機の管制など規制・監督責任を負う運輸省でも、一方の事故当事者である自衛官が所属する防衛庁でもない総理府に「全日空機接触事故調査委員会」が設置された。同調査委では、運輸省の航空事故調査課長ら四人が調査員に就任したが、事務局は総理府の交通安全対策室が務めた。事故調査の独立性を視野に入れるという点で注目すべき調査体制の実績を生んだのである。

航空事故調のスタンス

旧運輸省が、航空法制改正検討委員会がＮＴＳＢの実態などを調査した結果の報告文書を一九七一年か七二年にまとめた可能性があるとして、鶴岡が情報公開法に基づく公開請求を国交省に行ったのは二〇一三年四月だった。新たな航空事故調の設置理念の基として重視した〝事故調査哲学〟がうかがえるとみてのことだった。しかし同省は、「保存期間が満了していることから廃棄されたものと思慮される」との理由で「不開示」と伝えてきた。

ただ、当時の考え方が全くうかがえないわけではない。山口真弘氏が七九年に著した『航空事故調査　制度と運用』（鳳文書林）があるからだ。山口氏は航空事故調の発足時から長い間、委員を務めただけでなく、内閣法制局の参事官歴もあるため、航空事故調設置法の理念に精通する立場にあった。同書が航空事故調査の基本文献になってきたゆえんである。

同書で山口氏は、航空事故調の業務の目的を「原因を究明し、将来の事故発生の防止に資するため」としている。山名氏が七〇年の前掲書で明記した考えを踏襲したかたちである。「関係者の刑事上、民事上、あるいは行政上の責任を追求し、あるいは法律上の権利義務の関係を確定することを目的とするものではない」としている点は、検討会で確認した理念を先取りしていたともいえる。

最も重視されるべき独立性については、「公正な調査を行うためには、運輸省航空局とは別個の独立の機関として、運輸大臣の個々の具体的な指揮監督を受けない機関を設けることが適当であるということも重要な委員会の設置理由である」とし、「運輸省とは別の他の省庁（たとえば総理府）に置くことも考えられる」と記した。

しかし、その点での結論は山口氏の運輸官僚歴の限界を示した。すなわち、航空事故調を運輸省に置くことにされた理由として、調査は「運輸省の所属機関の援助が不可欠であるので、常時、これらと密接な関係を保持しておくことが必要である」ほか、「委員会の任務たる事故防止への寄与は、運輸省の任務である、事故防止施策の推進と密接な関係を有するものであるから、両者が密接な関係を保持して業務を行うことが適切である」とした。

そのうえで、「航空事故調査は高度に専門的な技術・情報を必要とするものであり、その技術や情報の取得のためには、航空に関する各種の事務を担当する航空局とともに、運輸省におくことを適当とすることに基づくものと思われる」と、客観的な立場で説明しつつも、運輸省に所属させることで独立性が損なわれやすくなる弊害には何ら言及していなかったのである。

山口氏は同書で、ＮＴＳＢが「一九七四年の独立安全委員会法により、運輸省とは全く離れた、合衆国の独立政府機関となった」とも記したが、それが事故調査機関の監督官庁からの独立性という点で持つ意味には触れていない。

事故調査における独立性は中立・公正な調査の保証であるが、山口氏も航空事故調の委員長と委員の資格の「もっとも必須の要件」は、「科学的判断よりも、公正な判断をなし得ること」が航空事故調設置法の考えであるとしている。それに当てはまらない資格者として、同法が「航空運送事業者や航空機の製造業者、改造業者、整備事業者等の役員又は従業者並びにこれらの団体の役員等」を規定したとしている。運輸安全委員会設置法も、対象を航空のほか鉄道や船舶輸送の事業関係者にまで広げているが、基本的な規定を踏襲している。

徹底欠いた「独立性」

山口氏は、そうした航空事故調設置法に関する自身の説明について「個人的な見解」としているが、「独立性」という理念についてのとらえ方は、政府レベルでも不徹底な面が残されていた。

例えば、七三年六月二九日の衆議院内閣委員会で木原実議員（社会）は、航空事故では運輸大臣の責任が問われる場合があり得るとしたうえで「運輸大臣の指揮監督下にある委員会が、はたして国民の納得できる調査ができるだろうか、意見具申ができるだろうか」と、航空事故調を運輸省から切り離すべきではないかとの方向で質した。これに対し、内村信行・運輸省航空局長は「私自身が原因関係者になる場合があり得る」と認めたにもかかわらず、「議論と現実を兼ね合わせて」、「運輸省の中に置くのが妥当だろう」と判断した、というが、その具体的な理由は明らかにしなかった。おそらく、山口氏の説明と同様だったろう。

ただし、運輸安全委への組織替えの段階に至ると、独立性に関する法規定の文言は変えられていないものの、組織形態は従来の国家行政組織法の八条委員会から三条委員会に変更された。これにより、国土交通省の付随機関としての立場は〈国交省の外局〉ということになり、事務局職員の任免人事権や規則制定権、さらには国土交通大臣だけでなく事故原因関係者に対する改善勧告権も付与され、独立性は高められたのである。

とはいえ、航空行政を担う国交省の関連機関にとどまったことは、独立性の徹底という点では依然として問題を残し、「アメリカのNTSBが連邦航空局（FAA）から独立した大統領直属の機関とされていることも参考に、内閣府の外局とすることの是非についても検討する余地があろう」（宇賀克也「運輸安全委員会の現状と課題」：『ジュリスト』No.一三九九）と指摘されている。

消費者事故調の設置規定である改正消費者安全法では、委員長や委員はもちろん、臨時委員や専門委員を含めて不適格な要件として、「事故等原因に関係があるおそれのある者」や、「その者と密接な関係を有する」と認められることを挙げており、関連事業関係者だけでなく、官民の専門家であっても事故原因などとの関連が疑われるような人材は委員会メンバーに就任させないこととしている。

一方、事故調査と刑事捜査の関係について、山口氏は目的や手続き、根拠法も異なるとしたうえで、

「相互に支障を生ずることがないように」、航空事故調と警察庁との間で覚書が締結されたとしているが、その内容が濃厚な警察優位色になった経緯については言及していない。

また、警察が航空事故調に鑑定嘱託を行い、事故調査報告書が鑑定書として使われることについては、鑑定嘱託規定が航空事故調設置法にも刑事訴訟法にもないので、航空事故調は「鑑定を受託すべき義務はなく、また、鑑定前に宣誓をしない」としているが、覚書で「航空事故の原因について鑑定依頼があったときは（中略）支障のない限りこれに応じるものとする」と明記された理由についても触れていない。

航空事故調設置法では第一五条に、立ち入り調査や証拠物件調査、関係者からの事情聴取などの調査権限について「犯罪捜査のために認められたものと解釈してはならない」との規定が盛り込まれ、同じ文言が運輸安全委設置法まで引き継がれている。だが、鑑定嘱託への対応は、事故調査では「罪と責任を課す」べきではない、とした第一三付属書の方向と一致していないため、独立性の問題とともに検討会でも活発な議論が交わされることになったのである。

六　事故調査と刑事捜査の在るべき姿は？

議論を制約した事情

消費者庁検討会の以前に開かれた全国消費者行政ウォッチねっと・主婦連の連続勉強会では、前述のように、事故調査が目指す原因究明と再発防止対策の立案に刑事捜査が支障になる面が、市川さん、美谷島さんら被害者・遺族や日航の髙本氏、ふじみ野市の鶴田氏ら捜査対象になった側の事故関係者から指摘されていた。

ポイントは、▼証拠物件を警察が押収し事故調査での利用が制約されることで原因究明と再発防止策の立案が遅れる▼捜査が優先されることで情報が開示されにくく、被害者・遺族側への説明を含め情報の活用が制限される▼原因究明を速やかに進めるために事故調査を優先し、捜査の対象となる事故原因関係者の免責も考慮する、などだった。

検討会では各関係者の意見陳述のほか、運輸安全委やＮＩＴＥの発表、検討会委員らによる海外調査結果の報告が第三回までに行われ、第五回検討会では、それらを基に消費者庁事務局がまとめた視点が提示された。そのうち、「事故調査の優先性を検討するに当たり、現状においても時間的先後関係においては事故調査結果が先行していることを踏まえ、優先性の内容について具体的な検討を進める必要があるのではないか」との指摘を中心に、その後の議論が展開された。

「時間的先後関係においては事故調査結果が先行」とは、〈捜査によって刑事責任を問うため立件するか否かの判断は、現実には事故調査がまとめられた後に、その結論が参考にされたり、調査報告書が立証資料として使用されている〉ことを指している。そのうえで、〈事故調査と刑事捜査の手続きの優先関係はどうあるべきなのか〉が論点になったのだ。

先後関係の現実が今後も続けられてよいのかという点は、かねてから官民の航空事業従事者で組織する航空安全推進連絡会議などで〈速やかで適切な事故調査の遂行〉という観点から問題視されてきた。発端は、事故調査専門の常設機関・航空事故調が創設された際、七五年に当時の運輸省と警察庁の間で確認された覚書に由来していた。

そこでは、「捜査機関から航空事故調査委員会委員長等に対し、航空事故の原因について鑑定依頼があったときは、航空事故調査委員長等は、支障のない限りこれに応じるものとする」ことを約束していた。事故調がまとめる最終報告書は警察の立証用の鑑定書として使われることを認めたもので、同様の扱いは運輸安全委にも引き継がれている。両者が確認した運用細目でも、事故関係者からの事情・報告聴取について警察側が運輸安全委に「便宜を図る」とするなど、刑事捜査を事故調査に優先させる立場を維持している。

だが、警察が〈証言者には不利な点について黙秘する権利がある〉ことを告げたうえでの取り調べを優先させた場合は、その後で事故調査機関が率直な事故経過説明を求めても「証言すれば処罰されるかもしれない」と心配して証言を控えてしまう、など〈捜査手続き優先による萎縮効果〉が現実にも懸念されてきた。

特に、故意による犯罪か重大な過失がなければ航空事故の刑事責任を問わない米国の事故関係者に、日本での事故調査に対する萎縮効果が顕著なことについて、鶴岡には、日航ジャンボ機墜落事故で、八八年当時のボーイング民間航空機会社社長のＤ・Ｄ・ソーントン氏をインタビューした際、ソーントン氏が「わが社や日航、（日本の）運輸省の関係者が刑事訴追を受けることは理解し難い」と語った（八八年五月一三日付け読売新聞朝刊）ことが記憶に残っていた。

同事故は、事故機がかつて尻もち事故を起こした後のボーイング社作業員による修理ミスがきっかけとみなされた。ただ、米国では故意か重大な過失でなければ事故の刑事責任が追及されないのに対し、日本ではボ社作業員が刑事訴追を受ける可能性があったための、日米間の制度上の違いを意識した発言だった。結局、ボ社作業員の航空事故調による聴取は実現せず、なぜ修理ミスが起こされたのかは未解明に終わったのだった。

事故調査と刑事捜査の関係の内外のこうした食い違いは、航空界のグローバル化・自由化が一段と進むなか、海外メーカー製の旅客機による事故では、今後の調査にも支障を及ぼす恐れがあることを示したケースだった。

また、証拠の扱いでは、エレベーター死亡事故で問題の機材を国交省の昇降機等事故対策委員会が解体状態でしかチェックできなかったほか、柳田氏が指摘したように日航ジャンボ機墜落事故の現場への立ち入りを事故調査官が警察から制限されるといった事態も起きるなど、事故関係者の事情聴取・取り調べも含めて、捜査が優先されることで事故調査が遅れたり不十分になるような事態は現実の問題にもなってきたのである。

お手本になるか　オランダ方式

第六回検討会では、そうした事故調査と刑事捜査の関係について刑法専門学者らの発表が行われ、議論が本格化した。

事故であっても警察が調べることが合理的な分野があるとする意見は、芳賀繁・立教大学教授が述べた。運輸事業者の事故と警察官が関与した事故以外の「大量に全国で発生している交通事故については、警察が調査と捜査を兼ねて担当するのが現実的だろうと思います」とし、やはり発生件数が多い火災についても「消防と警察が現在行っているようなやり方が比較的うまく機能しているように思います」と指摘した。

この点については他の委員からも特に異論はなかった。年間の発生件数が万単位に上る交通事故や火災の調査を、いきなり大組織として発足することが難しい新事故調査機関が担うことは、調査対象を絞るにしても、よほど特殊なケース以外は物理的にも困難とみられたからである。

事故調査と捜査の関係を抜本的に変えようとしても議論の枠組みが限定されざるを得ない事情を指摘したのは、第六回検討会に意見書を提出した佐藤氏で、「実際に刑法・刑事訴訟法があるなかで、捜査機関に捜査をするなとは言えない」とし、笹倉宏紀・千葉大学准教授（後に慶應義塾大学准教授）も刑事手続法の観点から「事故調査と刑事司法の関係はあくまでも調整という発想で論じないといけないのではないか」と表明した。

過失を刑事責任追及の捜査対象から外したり、容疑をかけられた事故原因関係者に免責を認める代わりに率直な証言を得ようとして刑事法改正にこだわれば、所管官庁の法務省との折衝に相当な時日がかかる。結果として、新事故調査機関の創設まで数年もかかってしまう事態もあり得ないことではない。それだけに、検討会の議論は〈現行の刑事法の枠内で、事故調査を行いやすくする方向で捜査との関係をどれだけ変えられるか〉を焦点に進められることになったのである。

このテーマで注目すべき例となったのは、検討会の一部委員らが参加して行った海外調査で把握されたオランダ安全委員会（ＯＶＶ）の方式だった。消費者庁からの委託でみずほ情報総研会社がまとめた同調査の報告書によれば、ＯＶＶの警察等との関係では▼警察とは事実関係は事故現場において共有する▼ＯＶＶは警察に要求して捜査情報を得ることができる▼逆に、ＯＶＶは司法手続きに対して事実以外は伝えてはならない▼ＯＶＶの報告書は、民事・刑事を問わず裁判に利用してはならないが、テロや殺人罪等刑事犯罪として取り扱うべき事件の場合は例外、という内容である。航空事故調査での刑事捜査との切り離しを定めたＩＣＡＯ方式にならったというのだ。

ＯＶＶが「事故調査のために収集された資料は刑事捜査に提供されないだけでなく、公表されることもない」としている点は議論の余地が残るものの、事故調査を刑事捜査に従属させない発想での仕組みを日本でも導入できれば、「迅速な原因究明に基づく再発防止対策の立案」という事故調査の目的に沿って刑事捜査との関係を望ましい方向で再構築できる可能性をうかがわせたのである。

刑法学者の意見

問題を整理する発表を第六回検討会で行った委員は、池田良彦・東海大学教授と笹倉氏だった。先ず、池田氏は刑事法専門家の立場に加え、官民関係者で運営する航空運航システム研究会の中心人物の一人として、航空や船舶などの現場関係者の声に詳しい立場からも、特に業務上過失責任の追及に関する問題点を整理して意見を述べた。

その概要は、①刑事捜査は原則として個人の責任追及を目的とするので、原因関係者が属する組織の安全管理体制の不備など複数の要因が重なって発生する事故の原因解明は困難、②捜査で得られた資料は公判で証拠として提出された場合以外は刑事訴訟法で原則非公開とされるため、事故防止対策に利用できない、③再発防止を徹底するには、多様な事故要因を解明する事故調査を刑事捜査から切り離し、あるいは刑事捜査に優先させるべき、というものだった。

つまり、原因究明を再発防止に役立てるという観点での捜査の限界と、それが事故調査への支障となっている面に着目して〈捜査に対する事故調査の優先性〉を提言したのであり、連続勉強会で様々な事故関係者が述べた意見とほぼ同様な方向だった。

他方、笹倉氏は提出した説明資料で、事故を捜査した結果、「刑法上犯罪が成立するとしても、起訴に相当しないという判断に至ることはあり得る＝起訴猶予」とし、必ずしも刑事責任を問わないかたちで「調整」が成り立ち得るケースを以下のように指摘した。

▼事故原因関係者が「事故発生に寄与してはいるが、その度合いが小さい」▼「刑法上の過失はあるとしても、個人を追求するのは酷であるという社会的了解の成立」▼「事故調査制度が機能し再発防止に寄与→被害者・遺族・社会の処罰欲求の減退」である。

いずれも、警察の捜査を経て、事故原因関係者に対する刑事責任を追及すべきかを決める立場の検察官の判断＝裁量に期待することになる。笹倉氏は、その事情について、第七回検討会向けに提出した説明資料で、「多大の労力を要する法改正や制度の変更によらずに変革を実現しようとするのであれば、我々は、検察官の訴追裁量に期待するしかない」と記した。そのうえで笹倉氏は、「だからこそ、検察官に十分な判断材料を提供する必要がある」、「信頼の措ける事故調査報告書は、不起訴の判断に貢献する」と付け加えていた。

その延長線上で目指す方向について「まずは信頼の措ける事故調査機関の設立と実績の蓄積」を挙げ、そのためにも「警察・検察庁と一定の距離を保ちつつ協力できる／互いに信頼できる体制確立」を提言した。

つまり、刑事法制度を変更しなくても、検察官の裁量によって〈事故関係者の刑事責任追及〉は回避される可能性があり、その可能性を高めるのは事故調査機関が行う情報・資料の提供と調査の信頼性向上にかかる、と解釈できる見解だった。

「裁量」の限界を超える「協力」は？

刑事関連法を改正しない範囲での捜査機関と事故調査機関の「協力」という方向は、確かに現実的ではある。ただ、その際に捜査側の「裁量」に基本的に依存することには問題がある。一般に官僚の行政裁量でも問題とされるように、「裁量」は裁量権者個々人の考えに左右され、安定性を欠く可能性があるからだ。

それだけに松岡猛氏は、〈事故調査の専門家の判断を検察官の裁量で起訴か不起訴とする扱いを制度化できるのか〉と質した。これに対し笹倉氏は、「裁量というのは縛られないからこそ裁量だという側面がありますので、明確なルールを作るのは難しいだろう」とし、実績が「だんだん積み上がってきたら、おのずと一定の慣行ができてくる」と述べるにとどめた。

だが、刑事責任の追及範囲を狭める権能を持つ検察官の裁量に期待しつつ「一定の慣行ができてくる」時期にいつ到達できるのか見当もつかないまま、刑事捜査が事故調査に及ぼす影響を放置しておくわけにもいかない。そこで次に議論になったのは、現行の刑事法はそのままながら捜査が事故調査の支障とならないようにする工夫のあり方だった。池田氏が指摘した、刑事捜査に対し「事故調査を優先させる」ことと、「事故調査と犯罪捜査は切り離す」具体策である。

背景には前述の、連続勉強会で指摘されたような問題があった。柳田氏も第五回検討会のヒアリング向けに提出した資料で、運輸安全委と警察庁の関係について「捜査機関が、強力な捜査権を行使して、容疑者の逮捕、証拠物件の押収、捜査内容の秘匿などで優位に立つため、事故調査はいわば〝二番手〟に立つため、目指す調査を速やかに行うことが妨げられている場合が生じ得る」うえ、仕組みの面でも「現行の運輸安全委員会と警察庁の覚書により、両者の協力関係はまずまず維持されてはいるが、制度面からは、あくまでも捜査が優先される」問題もあることを指摘した。

主な工夫の方向として議論されたのが〈事故調査を刑事捜査に優先させる〉方法だった。この点について第六回検討会向けに出した意見書で、池田氏は「『調査』と『捜査』が競合した場合、どちらを優先するのか」と問題を設定し、佐藤氏は「時間的優先か、手続き的優先か、証拠的優先か」などの点で「優先の意味を明確化する必要がある」とした。

他方、笹倉氏は、同検討会向け発表資料で「事故から刑事司法を排除すべきか？」という表現で問題提起し、「私の基本的な発想は、とにかく警察は手を出すな、警察は悪玉であるというような議論ではもう駄目だろうと思います」とまで記した。

ただ、「排除」や「悪玉」などの表現で事故への警察の関与を否定する発言が他の委員からなされたことは議事録でも確認できない。あるいは、池田氏の「事故調査と犯罪捜査は切り離すべき」との提言を〈事故から捜査を切り離すべき〉と解釈したのかもしれない。

それにしても、佐藤氏の「優先の意味を明確化」する面で委員間の合意が十分に形成されなかったことから、その後の議論が錯綜したことは否めなかった。

萎縮効果対策は必要・可能か？

捜査と事故調査の「協力」の在り方としての〈事故調査優先〉の議論で焦点になったのは、刑事捜査に直面する事故関係者の〈萎縮効果〉、つまり、〈自分が刑罰を科されかねないことを恐れて事故の経緯などについて率直かつ詳細には説明しにくくなる〉問題である。

そのような可能性をできるだけ減少ないし解消する具体策としては、〈事故調査機関の調査報告書を刑事裁判で鑑定書として使わせないようにする〉ほか、〈事故原因関係者の事情聴取や証拠品等のチェックを、事故調査機関が警察より先に行えるようにする〉ことなどが考えられる。

それらのうち鑑定書について笹倉氏は▼〈事故調査機関による調査報告書の：筆者注〉作成者が出廷したことを認めなければ証拠として採用されない▼証拠採用されても、「それをとるかとらないかというのは、あくまでも裁判所が判断するわけ」で、「鑑定には拘束力はありません。あくまでも参考資料」として、鑑定書が必ず事故原因関係者の有罪の証拠として採用されるわけではないことを説明した。その実例として、髙本氏が経験した日航機乱高下事故では「裁判所は、事故調査報告書に書いてあることとは違う事実を認定して、無実の判断をしている」ケースを示した。

事故関係者の口述内容が鑑定書に記載されて刑事裁判の証拠として採用される場合についても、笹倉氏は「〈記載された口述の：筆者注〉中身を本人に〈中略〉間違いないと確認してもらう手続を踏まなければいけない」、そのうえで〈本人に署名、押印してもらう必要がある〉とも指摘した。

いずれも、警察・検察側が事故調査機関に求める鑑定嘱託手続きの容認につながり、〈鑑定嘱託が萎縮効果に直結するわけではない〉と受け取れる見解だった。

しかし、航空機事故についての刑事責任追及では、事故調査報告書が捜査側の鑑定書として採用されてきた現実がある。また、捜査側が事故原因関係者を捜査しても処罰されない場合があるとしても、捜査対象になった事故原因関係者が〈処罰される可能性もある〉と心配する余地が消えるわけではない。従って検討会ではやはり、萎縮効果を解消または減少させる対策は考慮すべきという声が上がったのだった。

錯綜した議論

一方、笹倉氏は、第六回検討会で「萎縮効果を生じさせるのは、処罰の可能性だけか」と問題提起し、「民事賠償、行政処分、経済的損失、事故関係者の名誉、自尊心、世間体、世評、誹謗中傷…」なども萎縮効果につながる可能性のある要素として示していた。

その点について河村は、笹倉氏に対する補充質問で、〈組織事故に関わる民事訴訟で通常提訴されるのは操縦士等個人ではなく、企業等の組織であり〉、〈名誉・自尊心等でも、個人だけの責任ではなく組織の責任も大きいとの理解が深まれば萎縮効果の要因にはならないのではないか〉、〈刑事処分を受けたこと自体が解雇の理由になることが多い〉などを根拠として、「個人が直接処罰される刑事処分の萎縮効果は段違いに大きいのではないか」との意見を表明した。

これに対し笹倉氏は第七回検討会向けに提出した回答で、「組織内での圧力は無視できるのか？」、「行政処分で個人の資格剥奪等が行われることもある」などを挙げて「萎縮効果は簡単には消えない」とした。

確かに、萎縮効果が警察・検察以外の事故調査機関や監督官庁などによる事情聴取でも生じる可能性はあるだろう。しかし、萎縮効果を完全に消せないとしても、できるだけ減少させる必要性がなくなるわけではない。

また、事故原因関係者が逮捕権限や処罰手続権限を持つ警察・検察の取調室で説明を求められる場合と、そうした権限を持たない事故調査機関や行政機関の部屋で事情聴取される場面だけ考えても、双方の萎縮効果の違いは常識で区別がつく。

さらに、死刑確定判決が再審で自白の任意性が疑われて無罪とされたケースや、検察エリートで構成する東京、大阪両地検特捜部の検察官の強引な取り調べが次々に問題化したことも参考になるはずだった。現に、日航機乱高下事故では、日航の運航乗員訓練部次長に対する名古屋地検の検察官がまとめた調書は、威圧的に取り調べが行われたことが証人尋問で明らかにされ証拠採用が却下されたという（高本孝一『真実の口』本の泉社）。

それでも笹倉氏は、「社会の処罰感情が残存する場合」に「刑事司法の介入を阻止したかにみえる事故調査に対する不満」が生じる可能性も指摘した。その点に関連して、河村は同補充質問で、「日本学術会議等が意見としてあげている事故調査報告書の刑事事件での利用制限は、あくまでも事故調査と刑事手続を区別すべきということを述べているのであって、刑事手続自体が行われることを否定するものではないはずです」と指摘した。

こうした議論の錯綜はやはり、〈現行刑事法の枠内であっても、刑事捜査が優先されることによる事故調査への支障を可能な限り軽減する必要性〉という観点についての合意を、検討会で事前に確認しておかなかったツケが出たかたちになったとも言える。

萎縮効果について鶴岡は、具体例を示すことで理解を得やすいのではないかと考え、運輸安全委に追加質問した回答を第七回検討会で紹介した。「現状では、鑑定を受けていることで（事故関係者から…筆者注）事情聴取に対する供述を拒否されたことはない」が、「外国人の場合はまれに拒まれることがある」、また事情聴取対象が日本人の場合でも「鑑定を受けているということで、今後も引き続き供述を得られるかという懸念はある」、「関係者の口述を鑑定依頼と切り離せば懸念払しょくの効果はあると思う」という内容だ。ボーイング社の社長がインタビューに対し、〈日本では航空事故について刑事責任が追及されるから事情聴取に応じられない〉と答えたことも改めて紹介した。

問題は〈先か後か〉

続けて鶴岡は、〈事故については刑事司法を撤退させる〉という極論ではなく〈刑事法を改正しない枠内での迅速な原因究明〉という観点から、〈犯罪性が明確な場合と過失が重大な場合は刑事捜査を優先し、それ以外は事故調査を優先する〉ことを提案した。池田氏が紹介した米国の方式を、過失罪を設定している日本の刑事法の枠内で運用しようとするもので、連続勉強会でも提言された考えだ。

これに対し笹倉氏は「特に異論はありません」としながらも、さらに「仕分はそう簡単にはできないわけです」と、実務上の難しさを指摘した。確かに、事故発生直後の初期段階で即座に〈明確な犯罪性か重大な過失〉の有無を見分けられるケースは極めてまれだろう。そのため鶴岡は、初期は「グレーゾーン」状況になる可能性を認めたうえで、「一刻も早い被害の拡大防止」のために「現状を何らかの形で変える必要」があり、それなしでは「ここで議論している意味が薄くなってしまうのではないか」と述べた。

続けて河村も優先順位について、「確かに一〇〇％最初の時点で分からないかもしれませんが、調査を優先して調べていくうちにこれは本当に犯罪性が高いとなったときには、警察が入ってくるということも考えられますし、調査が優先しても、警察から見て処罰するものがあったときに、その捜査や手続に支障を来さない方向というのは考えられるのではないかと思うのですが」と述べ、固定的に〈事故調査か捜査か〉というのではなく、〈先か後か、あるいは同時並行も〉と流動的に調整するのが現実的であることを指摘した。

笹倉氏も「同時スタートでやるほうがいいのではないか」とは同意したが、〈迅速な原因究明のための調査優先〉を視野に入れたとうかがえる発言はなく、むしろ、「事故調査をやって犯罪性があるとわかったら捜査機関に渡せばいいということになると、（中略）事件として立件するかどうかの判断を事故調査機関がするということに実際上近くなる」と述べた。しかし、事故調査機関が仮に〈優先権〉を警察に委ねる判断を行ったとしても、立件するかどうかの判断は警察・検察が捜査の結果行うのであり、立件しない場合もあるのだから、「立件するかどうかの判断を事故調査機関がする」わけであるはずがない。

萎縮効果をめぐる議論の余韻が残るなかで、強い印象を残す意見が表明された。市川さんが改めて、「エレベーター事故の原因究明が、今も進まないのは、（中略）警察が押収した重要な証拠・情報を取り出して検証できないからです。（中略）事故が起きたらすぐに事故の原因を明らかにする徹底的な調査がされないと、遺族は不信感を持ちながらずっと苦しめ続けられるわけです」と述べたのである。〈新しい事故調査機関を作ろうとするなら、現実に起きている弊害を乗り越える方策を考えてほしい〉と感じられるアピールだった。

白熱化した議論

だが、笹倉氏は市川さんが指摘した証拠の扱いについて第八回検討会で、「なぜ出してくれないのだろうということを考えた上で、では、こちら側がどう対応すれば出してもらえるようになるのだろうという議論をしないと意味がない」、「ただ出してくれない、困るというだけでは相手を動かすことはできないと思います」と述べた。

その発言に続いて市川さんは、「なぜ分かってくれないのだろうか」と思いつつ、エレベーター事故で地元の港区役所が同型機で実験調査を行ったが最終的に原因解明に至らなかった事情について、改めて「警察が集めた、重要な情報も証拠も、取り出す法的権限がなく、また検証することができなかったという壁がありました」と述べた。しかし、その指摘について笹倉氏からのコメントは無かった。

刑事捜査を事故調査に優先させることで支障が生じることを示す証言は、パロマガス湯沸かし器事故の関連で〇六年九月一三日に開かれた消費経済審議会や総合資源エネルギー調査会の関係小委員会や部会の合同会合でもなされていた。議事録によれば、当時の経産省製品安全課長は「ガスの様な事故は、まず警察や消防が調べる。こちらも連絡を受けるが、調査を開始しようとしても警察が調査中の場合には待つことになる」、「警察が現場で証拠品として押収してしまって、我々側は技術的な分析がしにくくなってしまう、というのはあるかと思う」と述べていたのである。

他方、鶴岡は、捜査を優先すべき場合とした「明らかな犯罪性」という基準の表現を「犯罪性が極めて濃厚な場合」と修正したうえで、事故調査と捜査との調整の実例を紹介した。一九八六年にタイ国際航空機の後部圧力隔壁が破損して多数の重軽傷者が出たため、大阪空港に緊急着陸した事件である。航空事故調は機内の破損状況を調査して二日後、〈持ち込まれた爆発物が爆発した疑いがある〉との見方から、大阪府警に硝煙反応の有無を調べるよう要請。府警は三日後に乗客のうち暴力団員を割り出し、逮捕にこぎつけたのである。事故調査から犯罪性をかぎ取り、捜査に引き継いで原因解明につなげられたケースだった。

鶴岡としては、事故調査優先は ▼ 事故調査機関のほうが警察より専門性が高く、事故の諸要因を迅速に摘出しやすい ▼ とはいえ、警察の組織網が全国的なので、現場や証拠の保全、確保は警察のほうが迅速に実施可能 ▼ したがって、「優先」の内容は柔軟な対応が必要なので、運輸安全委と警察庁の覚書のような方式で確認することが適切ではないか、と提案した。それなら〈調査優先〉での合意を形成できるだろうと期待もした。もちろん、事故について警察の関与を「排除」する考えは念頭に無いことにも言及した。

だが笹倉氏は、「誰もが犯罪として立件することに異論のない事例を挙げて、事故調査と刑事司法の関係を論ずるのは、（中略）適切ではないと考えます」と反論した。しかし、法制度などを見直す際は、手本になるようなベスト・プラクティス的事例から最大限の教訓を汲み取って検討を進めることが定石である。それに類する実例の意義をあっさり否定するのでは、前向きな議論は期待しにくくなる、と感じざるを得なかった。

しかも笹倉氏は相変わらず、「刑事司法が撤退し、いわゆる『事故』に関しては事故調査のみが行われるような制度が整備されたとしても…」と、他の委員が表明していない、〈事故からの刑事司法撤退〉論を前提とすると受け取れる意見を述べ続けたのであった。

すでに議論の中心テーマは新事故調査機関の組織の在り方に移りつつあったが、第九回検討会以後は〈事故調査と刑事捜査の調整〉の姿も煮詰めの段階に至っていた。

松岡氏は、事故発生後間もない「初動段階」については、「地元警察の現場確保がまず起こるわけですが、事故調査官の到着後は調査官主導のもと事故調査を実施することが望ましい姿ではないか」とした。そのうえで▼調査権を明確にするため、警察、他機関との間で覚書を締結し、覚書は一定期間ごとに見直す▼覚書の骨子としては、①犯罪行為が原因とみられる事故、②刑事捜査が優先されるべき事故（テロ関連等）、③警察から特に要請があった場合以外においては事故調査機関の調査を優先させるが、①〜③の判断は司法と事故調査機関の長が合同で行い、優先機関は計画的に他の機関の調査や捜査に支障が生じないよう配慮する▼（調査機関による事故関係者の：筆者注）事情聴取の内容は公開せず、警察に提供することも、裁判での証拠としての使用も認めない▼推定事故原因も裁判での証拠としての使用は認めない▼事故調査官には法廷に出る義務を課さない▼事故調査機関は捜査機関（が保管する：筆者注）の証拠、記録、裁判所の訴訟記録等を含む全ての情報にアクセスする権利を有するが、捜査機関の提供情報は極秘扱いとし、一次情報は公開しない▼調査報告書については、裁判の証拠の提出、鑑定依頼に対応する義務は有せず、事故当事者の証言に対応する部分は刑事裁判の証拠としての使用は認めない、などを提案した。

刑事捜査が事故調査の支障となりかねない部分を原則として切り離し、調査を優先する方向を示したとみられる内容だった。民事裁判では事故調査報告書を利用できるとした点は、被害者側の被害回復に役立たせるふくみでの配慮をもうかがわせた。

同検討会では、美谷島さんや河村、鶴岡も提案書を提出した。いずれも松岡氏の提案ほど体系的ではなかったが、方向はほぼ同じで、事故調査と刑事捜査が並行する局面があるとしても、手続きとして事故調査を捜査よりも優先させ、調査報告書や事故関係者の口述記録などを捜査に利用させないことなどをアピールした。

これに対し、オブザーバーとして出席していた警察庁幹部は、松岡氏提案のうち▼事故調査報告書を刑事裁判での利用は避けるべきとしながら、民事裁判では使えるとした点について議論が不十分ではないか、といった点などについて質問した。

この場合の民事裁判とは、事故の被害者側が被害回復を求めて起こす損害賠償等の請求訴訟ということになるが、松岡氏は、「原告の側が証拠を揃える際の出発点として使用することは当然あり得るんだろう」と述べた。被害者側が立証のための情報を集めるのは通常は困難であり、その場合に頼りになり得るのが事故調査機関の報告書であることから、消費者目線にかなう面もある考え方と言えた。

河村は、〈民事裁判での利用は補償の意味合いが強く、（身柄拘束もあり得る：筆者注）刑事裁判に比べると人権に対する影響の違いがあるかと思う〉とし、鶴岡も刑事責任と民事裁判での利用では、事故関係者に対する萎縮効果の違いが大きいことを念頭に、刑事裁判での利用を外すという松岡氏案に賛同する意見を述べた。

これに対し笹倉氏は、警察庁の質問について「アシストするつもりは全然ない」としながらも、「民事裁判であっても、被告として責任を追及されるということに伴う心理的な負担というのはものすごくあるわけです」と述べた。被害者の損害回復という視点はうかがえず、既に河村が指摘していた刑事裁判での利用で生じる「段違い」な萎縮効果との違いにも言及していなかった。

そんな議論に決着をつける材料になればという意図も込めて、鶴岡は医療事故に対する刑事責任追及の傾向を背景として産婦人科医が減少し、深刻な社会問題になったことを想起することを求める意見を述べた。

象徴例として想起したのは、〇四年に福島県立大野病院で帝王切開手術を受けた妊婦が手術室で死亡した事故に対し、福島県警が〇六年に担当医師を逮捕したケースだった。そのような、医療事故で医師が刑事責任を追及される影響として、体調が変化した妊婦が救急車で病院に行こうとしても病院側から断られてタライ回しされるケースも発生していた。

厚労省による医療事故調査制度の検討は〇五年から本格化したが、実現の道筋が固まるまで約一〇年もかかった背景には、そうした問題もあったからである。現に、新調査制度の仕組みでは、医師が死亡患者の遺体を検案して「異状」と判断しないケースについては、第三者の立場で事故調査に当たる機関は〈警察に通報しない〉ことが確認されたのである。

そのような例なら、刑事捜査による萎縮効果の大きさについて理解してもらえるだろうと期待したのだが、笹倉氏からの意見表明はその問題については行われなかった。

鑑定嘱託の影響は

警察庁側はまた、〈弁護士の片山登志子氏が説明した日本弁護士連合会の意見書では、鑑定書について言及がない〉点についても質した。刑事・司法側が事故調査報告書を刑事責任追及の証拠として利用するべく事故調査機関に対して行う鑑定嘱託は、事故原因関係者の萎縮要因になるおそれが指摘されてきたことから、日弁連が重要論点のひとつとして検討したことを予想しての問いだったろう。ただ、片山氏は鑑定書の扱いについて、日弁連が意見書を整えた段階では「意見の取りまとめをしなかった」との事情を説明した。

事故調査報告書に事故関係者の供述内容が記載された場合の扱いについては、曽和俊文・関西学院大学教授が同検討会で、▼事故関係者が警察・検察側の取り調べを受ける際、供述する内容については黙秘権を使い、話したくないことは話さないといったかたちでコントロールできる▼だが、事故調査機関による事情聴取でも同じようになれば（黙秘権を使えば：筆者注）、事故の原因究明ができないことになる、という面から、「刑事手続では供述の利用を制限するような工夫をしないと、証言を得ることはできない」という支障について警告した。

第九回検討会では中川丈久・神戸大学教授も、事故関係者の供述証拠を裁判で出すとすれば、「供述する側だけではなく、事故調査機関の職員にも大きな影響を与えうるわけです。裁判に巻き込まれるのが嫌だから、詳細に報告書を書くことはやめてしまおうということがあっては困る」として、「供述証拠を裁判や行政の場（監督官庁＝筆者注）に出さない自由は、事故調査機関にあるべきだろう」という考え方を表明した。

さらに、「事故調査機関が機能することが最も重要」との立場から、「機能しなくなるような形で、ほかの裁判や行政手続に（供述記録を＝筆者注）もっていかれないよう（中略）、事故調査機関のほうで拒否できるようにしておかないといけないのではないか。それが唯一の基準かなと思います」と述べた。そうしたことを覚書に書き込めれば、特に刑事捜査からの事故調査の切り離し効果も生じ得る。

河村も、捜査側が刑事裁判で供述記録を証拠として使えないとしても、「少し手間がかかるかもしれませんが、刑事手続きで改めて話を聞けばいいのではないかと考えます」と指摘した。

他方、笹倉氏は、報告書が鑑定書として使われても、「有罪方向に行くかもしれないけれども、無罪方向に行く内容が書かれているかもしれない」場合を想定して問題を提起。ＪＲ福知山線事故の被告が、運輸安全委の事故調査報告書を証拠採用することに同意した例に基づき、「被告人の側に有利な事実を明らかにする一つの有効な材料として役に立つから、使ってもいいと思った場合でも使えないということになってしまうと、（中略）弁護する側にとって、現状より不利にならないか、全部自分で（情報を：筆者注）集めてこなければいけないということになると、不利になることもあり得るのではないか」として鶴岡に意見を求めた。

これに対し鶴岡は、「不利になるかどうかというよりも、手間がかかるかどうかと、そういうことではないか」と答えた。公表された事故調査報告書を刑事裁判での証拠として直接利用できなくしても、報告書は警察・検察も被告・弁護人も読める。だから、それぞれの立場で証拠を集める参考資料にすることはできる。

従って、調査報告書を参考にして行う証拠収集に「手間がかかる」としても、報告書が刑事責任追及に利用されることで事故の再発防止対策を迅速に立案するために事故調査が遅れかねない影響のほうこそ回避すべき、という意味を込めた意見だった。

一方、佐藤氏は「警察が事故調査機関に鑑定を嘱託しなくても、事故調査報告書が公開されれば、それが鑑定書に類似されるだけの専門的な知見が書かれてあって、しかも誰がつくったのか、真正につくられたということを作成者が証人尋問で明らかにする。この二つさえクリアすれば証拠として認められる」という考えを述べた。事故調査報告書の内容について、〈刑事法廷で事故調査機関側に保証してもらうことにより警察・検察側の鑑定嘱託という手続きを踏まなくても証拠として使える〉、と読める趣旨の意見だった。

しかし、問題なのは〈証拠として使われる〉ことによって萎縮効果が生じる可能性があることである。

例えば、日航ジャンボ機墜落事故当時の航空事故調の調査官は強い印象を与える言葉を残していた。事故調査資料を群馬県警側が利用したいという場合、「お宅らにはわが方の資料を押収する権力はある。しかし、それを行使したら、わが方は刺し違えるつもりだ。国会でたたかれることになりますよ」と告げたというのだ。理由は「事故調が調査資料を警察に提供すれば、事故関係者から協力を得られにくくなる」というものだった（鶴岡憲一・北村行孝『悲劇の真相　日航ジャンボ機事故調査の677日』読売新聞社）。

仮に警察が事故調査機関に鑑定嘱託を行わなくても、事故調査報告書の内容の真実性を事故調査機関側が法廷で保証して証拠利用の道を開くなら、同様な影響が懸念されることは推察できる。

〈事故調査と刑事捜査の調整〉というテーマでは、以上のように合意に達しない部分を残しながらも、新事故調査機関の在り方の検討に時間を割かねばならないという時間切れ的な事情もあり、第一〇回検討会で消費者庁事務局がまとめた論点整理案に沿う議論へ移って行った。

先送りされた課題

整理案について、消費者庁側は「優先性」について、「事故調査と刑事手続のいずれかが他方に優先するという関係でとらえるべきではないという点については、おおむねご異論のないところ」と説明した。過失罪を廃止するような現行刑事法の変更を行わないとなれば、事故の扱いで調査と捜査が並立することになるという意味ではそのとおりだろうが、〈先後関係〉という視点をかき消すような印象を残す表現だった。

それにしても、証拠物の検証や事故関係者の事情聴取についての事故調査優先問題で、現実にエレベーター事故で事故調査への支障が起きたことが再三指摘されただけに、検討会の最終報告書では「事故の予防・再発防止のための知見を迅速に得て対策に繋げる観点を重視し、刑事捜査との兼ね合いで必要な調査が十分できないような事態がないようにすべきである」と記述されはした。しかし、〈事故調査での利用を優先させるべき〉とまでは明記されなかった。

また、調査報告書の刑事裁判での利用問題について検討会では、「事故調査機関が専門的知見に基づいて認定した客観的な事実に関する部分」については捜査側も利用することに異論はなかったため、最終報告書では「利用を可能とする必要性が認められる」とされた。だが、〈鑑定書としての利用や事故関係者の口述記録の証拠利用を行わせないように〉との意見の採用も見送られ、今後の検討に委ねられることとされた。

事故調査記録が刑事裁判の証拠として扱われれば、事故関係者が「事故調査のためであっても口述を躊躇する可能性が考えられる」としながらも、「口述引用部分を含む事故調査報告書が鑑定書として刑事裁判に利用されないとしても、（中略）原因関係者の口述を得やすくなるとは考えられない等の反対意見もある」（最終報告書）とされたためだった。

これに対し、運輸安全委の福知山線脱線事故検証メンバーは消費者庁検討会の結論に一か月先立つ同年四月、当時の国土交通大臣に運輸事故の再発防止に向けた「提言」を行った。そこでは、事故調査と刑事捜査の関係について、「原因関係者から事実に即した口述を得る必要がある」ため、「現行の鑑定嘱託のあり方の見直しを検討」することなどを求め、検討会の結論よりも、捜査優先による支障を防ごうという方向を打ち出していた。

ただ、検討会の最終報告書でも、刑事捜査では「捜査の過程で再発防止に資する事実や被害の拡大に寄与した事実等が捜査対象となることが通常であっても、それらは必ずしも公に明らかにされるわけではない」という限界があることと、事故調査の場合は「事故の発生に寄与した可能性のある事実やそれを改善することで事故の再発を防ぐことができる可能性のある事実、被害の拡大に寄与した可能性のある事実や、被害の軽減に有益である可能性がある事実、いわゆる『サバイバルファクター』

と呼ばれる被害者の生死を分けた要因等が広く調査の対象になる。「可能性を幅広く捉えることによって、より有益な予防・再発防止策を講じるための知見を得ることが可能になる」として、事故の予防や再発防止のためには事故調査を優先した方が効果的であることは確認されたのであった。

七　最終テーマ　組織論

焦点は新機関の枠組み

刑事捜査との関連など細かい論点別の議論に区切りをつけた検討会が、最重要課題というべき新事故調査機関の組織の在り方について意見を交わし始めたのは、二〇一一年二月二八日の第九回からだった。捜査との関係についての議論に時間をかけ過ぎたきらいがあったため、検討会は三月終了の予定が延長され、最終的には五月三一日の第一四回まで続けられた。

第九回には、松岡氏のほか、片山氏が所属する日本弁護士連合会、美谷島さんや河村、鶴岡から意見書が提出された。それ以前に河村が所属してきた全国消費者行政ウォッチねっとは第二回に、片山氏は第八回に、それぞれ意見書を提出しており、他の委員も個別の論点について意見を述べてきたことから、事故調査の目的や新調査機関の属性、調査権限などについては各意見で一致する点が少なく、既述のように最終報告書に盛り込まれた。

問題は、新調査機関の枠組みだった。この点について第二回検討会で最初に構想を示したウォッチねっとの意見書は、二〇一〇年の連続勉強会でまとめた意見書を基に整理したものだった。その概要は既述内容とほぼ繰り返しになるが、▼五人の委員から成る「生活安全委員会」（親委員会）を内閣府の外局として設置▼生活空間で発生する一定レベル以上の事故を網羅的に調査対象とする▼具体的な調査は常設の専門部門のほか、すき間事故に対応できる特設部門を置く▼親委員会は調査に基づいて必要な安全対策を他省庁に勧告、建議できる、という内容だった。

注目されたのは、連続勉強会（案）と同様に位置づけた専門部門の扱いである。ウォッチねっとは「常設機関はなるべく既存の組織を移転・活用」するとして、航空機、鉄道、船舶の事故調査という運輸安全委が担当している分野を含ませるほか、国交省が調査組織を設置していた昇降機・エレベーター事故、厚労省や農水省が扱ってきている食品事故、さらには主に経産省が関わってきた製品一般事故をも生活安全委に専門部門として併合・所属させる姿を示した。製品一般事故の担当部門には経産省の外郭団体であるＮＩＴＥを含ませるかたちを明記していた。つまり、生活に関わる広範な事故調査を、主要な既存機関・機能を含めて生活安全委というひとつの機関に委ねるといえる案である。

そうした構想の理由としては、第二回検討会で意見陳述に立ったウォッチねっとの拝師事務局長は「産業育成省庁から個々の調査機関を切り離す必要があるだろう」と指摘した。また、事故の原因究明の手法は分野が異なっても共通する面があり、事故情報収集を含めた調査活動効率化の狙いも含めてアピールした。

確かに、事故は家電製品や航空、鉄道など様々な製品や装置、システムの独自性に応じて多様に展開する面がある。しかし、ほとんどの事故は人や機材が本来企図された通りに作用しなかったことが引き金となるが、技術面でもヒューマンファクターの面でも背景にある様々な要因が事故につながるかたちに共通する面があるのも事実だ。

たとえば、委員の一人である池田氏は、官民関係者が関わる任意団体「航空運航システム研究会」の事務局長を務めていたが、同研究会では航空関係者が中心ながら、原発の安全対策や海難事故についてもそれぞれの関係者が報告・発表してきた。機器の損傷に関しては振動や腐食、ヒューマンファクターとしては担当者の不注意以外に機器の設計やコントロールシステムと人との不整合など人間工学的な面で様々なシステムに共通する面があるので、異なる分野の担当者の発表も参考になるのである。ウォッチねっとの提案も、そうした現実に沿ったものであった。

また、ウォッチねっとの議論にも参加していた市川さんは、「事故は一つでなく、形、大きさいろいろ違うんです」が、「国民からは一つ」であるゆえに、「一つの場所にしてほしい」と述べ、ウォッチねっとの調査機能統合案に共感を示した。

鶴岡もその案に、「煮詰めねばならない点はあるが、基本的な方向に賛成する」と述べた。消費者庁創設の議論では、産業振興官庁が消費者保護よりも産業振興に偏した行政を行ってきたという面を確認していたのと、航空運航システム研究会の発表会を何度も傍聴していたことから、事故調査機関は産業振興官庁から切り離し、広範囲な事故の調査を一本化することが理想と考えていたからである。

ただ、「全面的に」ではなく「基本的な方向に賛成」としたのは、理想の実現までには高い壁があると考えていたためだった。消費者庁を創設する議論の当時も、前述のように産業振興官庁の大臣から

「屋上屋を架すことになる」との反対論が出た。〈産業振興官庁が自官庁で担当する分野の消費者行政を行っているのだから、改めて新たに消費者行政官庁を創設する必要などない〉という趣旨で、産業振興官庁の行政権限が消費者庁という新官庁に侵食されることを防ごうとしたのである。

新たな事故調査機関が、運輸安全委をはじめ産業振興官庁が調べてきた領域の事故を法的権限に基づいて調査できるようにしようとすれば強く抵抗され、新調査機関の設立が遅れることは目に見えていた。そのため、現時点で新調査機関を創設するとすれば、既存の調査機関・調査官庁との関係をどう調整できるかが、市川さんらが求める早期創設に向けて解決すべき大きな課題になると考えていたのである。

新調査機関と他機関・官庁との関係は？

第九回検討会で四人が提出した意見でほぼ一致したのは、新調査機関の調査範囲をできるだけ広く、という点だった。松岡氏は「基本的な理想形を押さえておく」ことを前提としたうえで、「全ての分野を対象に」、ただし「実情に合わせて複数の機関でカバーする」と述べ、他の機関との併存に言及した。片山氏の意見とも共通する日弁連の意見も「消費者事故の調査全般について調査が適切に行われているかを調査・指導・調整する機能を持つ統括部門を常設し、適切に行われていない場合は実施を要求する」とし、消費者目線を全ての消費者事故の調査に及ぼせる可能性を持つ仕組みを提案し、製品等事故の調査と、既存の原因究明機関が存在しないすき間事故を対象とする調査部門を置くが、国民生活センターや経産省系の独法・NITE、消費者団体などとの連携体制を構築するとして、やはり他の機関との併存案を示した。ただ、調査対象を定義する根拠法については、改正安全法が「消費者事故等」の範囲を製品や施設、役務（サービス）まで広げているのに対し、日弁連の提言は〈製品事故〉を対象とする消費生活用製品安全法を提示していた。

河村の意見書は、第二回検討会でウォッチねっとが提案したのと同趣旨の内容だったが、第一一回検討会で提出した意見書では、▼第一段階として、運輸安全委を常設専門調査組織の中核として位置付け、現在は「すき間」の状況にあるエレベーターなど移動構築物や建築物の事故を調査する部門を設置する▼第二段階として、製品や食品の事故調査部門を統合する、と提案した。多くの調査実績を持つ運輸安全委を核とすれば、新設の事故調査機関の調査能力を一気に高められるほか、エレベーター事故のような〈調査のすき間〉を早くなくすことが必要と考えたためである。

「基本法」の下に調査機関を組織するという考え方については、同じ日、向殿氏も「安全基本法」という表現で制定を提案し、将来像を明確にすべきことを求めた。

鶴岡は意見書で、新調査機関の調査範囲として、既存調査機関が調査対象としていない「すき間」事故を強調した。その際、特に重視したのは、新調査機関と既存調査機関との位置付けであり、新調査機関の調査対象を「現行法令で特定の官庁・機関が調査権限を付与されている分野以外の事故の調査」とした。

国交大臣の下にある運輸安全委のような既存調査機関を新調査機関に取り込むことは理想ではあるが、国交省など関係省庁が抵抗することは必至で、あくまで理想にこだわれば調整に年数を要する。その間に、調査機関が存在しない分野で事故が起きた場合、市川さんが経験したような辛さを味わう消費者が出かねない。従って、既存機関と併存させながらも、先ずは早く消費者目線に立つ調査機関を発足させることを優先する必要がある、という趣旨の提案だった。ただし、新調査機関が手掛ける以外の事故調査にも消費者目線を及ぼす趣旨で、他の既存調査機関や規制官庁が行う事故調査結果をチェック・評価する機能・権限の付与も求めたのである。

「すき間」とはいえ、新調査機関が扱う〈事故〉が、消費者安全法で定める「消費者事故等」とすれば、製品事故はもちろん、昇降機などの施設や美容整形などのサービス分野の事故も幅広く含まれるから、調査範囲が狭くなり過ぎることはないはずと考えていた。

調査のチェックについて、ウォッチねっと案は最初から既存調査機関の調査分野を含めてほぼ全分野の事故を対象に含め、分野ごとに実施する調査を親委員会がチェックし、必要な場合は再調査を求めるという構造としていた。

所属先はどこに？

新調査機関をどこに置くのかという点は独立性に関わる問題だが、市川さんは第一一回検討会の後で提出した意見書で、「各省庁の中での事故調査委員会では、各省庁の枠の中でしか動けない制限と限界の壁に当たるのです」と指摘した。その背景には、国交省が〈警察が捜査中〉を理由にエレベーター事故の調査を行おうとしなかった弁明の真相が明らかになった事情もあった。

長妻昭衆院議員（民主）が政府への質問主意書で〈国交省は警察に事故機を調査させてくれるよう要請したのか〉などを質したのに対し、政府は〇八年一二月に答弁書で〈国交省は約二年半たっても事故原因が明らかになっていないので、警視庁に事故機の調査について要請したところ、〇八年一〇月に『調査は可能』との回答があった〉というのである。つまり、国交省は警察の捜査が優先実施されていたとはいえ、二年半も事故機を調査させてくれるよう求めていなかったということになる。

しかも、同省の昇降機等事故対策委員会が〇九年にまとめた調査報告書は、法的権限なしの調査という限界があったとはいえ、市川さんには〈メカニズム的な事実の説明以外では、行政面の不備のような事故の背景解明は不十分だった〉と感じざるを得なかった。事故調査を徹底すれば、国交省の安全対策の不備が究明される可能性があるため、調査に消極的だったのではないかと思うにつけ、「各省庁の中」でなく外に事故調査機関を置くことを求めたのであった。

一方、ウォッチねっとは第二回検討会提出の意見書で「内閣府の外局」として、消費者庁に置くことは全く想定していなかった。鶴岡が意見書で「内閣府または消費者庁」としたのは、そのいずれも産業振興官庁ではないゆえに産業振興の観点で事故調査が歪められる恐れは、構造的には回避可能と考えたためだった。

しかし、消費者庁は産業振興そのものを政策目標とするわけではないが、創設とともに消費ビジネス等に関する規制権限を付与されたことで、消費者事故について責任を問われる可能性も秘めることになった官庁でもある。そのため、美谷島さんと意見交換した際、「独立性という点では国会に置くのが最も理想的ではないか」と話したことがある。国民から直接選ばれ責任を問われる立場の議員の下なら、官庁に置くより独立性が高まるはずと考えたからだった。

ただ、国会所属の事故調査機関は、福島原発事故の調査委員会が後に〈憲政史上初めて〉組織されるまで前例がなかったので、実現にはどれだけ時間がかかるか見当がつかない状況だった。そのため、米大統領直属のNTSBにならって総理大臣直属として内閣府の外局として置くか、内閣府の中でも〈消費者を主役とする消費者行政官庁〉とされた消費者庁に置くことも考えられるとして併記したのだった。

組織の性格としては、独立性を重視する観点からは三条委員会である運輸安全委のような組織とすることが、より良い選択肢だろう。ただ、消費者庁担当者との意見交換では、「内閣府に新たに三条委員会に準ずる組織を設けるには、既存の同様な性格の組織を廃止することが求められる」という事情を告げられた。行政の肥大化防止が求められているための事情であり、それを押して三条委員会的組織にこだわれば新調査機関の発足が遅れることになりかねないとの懸念から、鶴岡としては、あえて準三条委員会化案を盛り込まなかった。

結果的には、当時の民主党内閣は新事故調査機関を〈事業所管官庁ではない消費者庁に所属させるのだから〉という理由付けで、三条委員会よりは独立性が低い審議会的性格の委員会としたのである。

理想と現実のはざ間

以上のような提案、議論を基に検討会事務局は第一〇回目に、新事故調査機関について「すき間」事故を含む消費者事故等を調査対象とし、それらの調査をチェック・評価する機能を持たせ、既存の調査機関との連携も整理する必要があると読める「論点整理案」を提出した。

だが、第一一回目に事務局が示した取りまとめ案には、①専門分野に応じた調査を担う、②すき間事故を扱う、③①と②を評価・チェックし横断的テーマの検討等を担う、という機能を付与するというかたちで整理。その分類に基づき、専門分野やすき間分野の事故を調査する機関とは別に、既存の機関が行う調査を評価・チェックし、必要に応じて再調査を求める機能などを持つ機関を別に設けるとするA案と、評価・チェック機能も調査機能も持つ機関を設置するとするB案が示された。三つの機能は組み合わせによって何種類かのパターンが考えられる。また、新調査機関の調査対象にどんな分野を含めるかという点に、事故調査の理想像と既存調査機関が現に活動している現実との調和をも絡めて、委員から多様な意見が表明され議論は交錯した。

河村はA案について、「自ら調査を行わないようなチェック・評価組織では予算人員が極めて小さいものとなることが予想でき、他の調査機関に（チェック・評価に基づいて：筆者注）勧告を行っても実効性に限界があります」と指摘し、基本構造としては、それまで示してきたように、仮称・生活安全委の下に専門部門やすき間部門の調査組織を置き、生活安全委が調査報告をチェックするなどとする方式を提案した。河村案は、運輸安全委のような既存調査機関が担当している事故まで含めた全分野の事故を生活安全委の下で調査するという構想を前提としたものだったので、生活安全委に評価・チェックや再調査要求権限を持たせれば、チェック・評価目的の別組織は必要とは考えなかったのである。

これに対し鶴岡は前述のように、▼運輸安全委のような既存調査機能を最初から新調査機関に取り込もうとすれば新調査機関の設立が遅れかねないので、既存調査体制と併存する過渡期は避けられず、その間は消費者目線を既存調査機関による調査にまで及ぼす必要がある▼そのため、消費者目線に立つ新調査機関には、自ら消費者関連事故を調査する機能とともに、既存調査機関の調査を評価・

チェックする機能をも付与する必要がある、との考えを示していた。従って、新調査機関が担当する調査分野の範囲については意見が異なりつつも、新調査機関に事故調査機能と評価・チェック機能を持たせるべきとする河村案には賛同した。

ただ、A案のように事故調査とチェック・評価を同一機関に委ねれば「客観性・中立性等をどのように確保するのか」という問題が生じる。新調査機関を消費者目線に立つ組織として設立しても調査ミスを犯す可能性はあり、その場合に自らの調査を自身がチェック・評価すれば甘くなりがちになりかねない。それだけに門田守人・大阪大学副学長は、「評価したり、第三者的な立場で見る者と実際の調査をする者が一つの機関であることに対して大きく抵抗があります」と述べた。

結局、A案だけで良しとする意見のほか、AでもBでもないC案も提案されるなど議論はまとまらず、河村を含む複数の委員から検討会をさらに二、三回追加開催する提案が行われた。宇賀座長も同意したうえ、〈専門部門やすき間部門の調査機能と評価・チェック機能は必要〉という点については〈コンセンサスができた〉と整理。そのうえで、各機能を一体として持つ機関か、そうでない機関にするかといった議論を進める方針を示した。

独立性問われた運輸安全委員会

ウォッチねっとや河村の提案で改めてクローズアップされたのは、運輸安全委と新調査機関の関係だった。実は、検討会の議論と並行して運輸安全委の在り方を見直す検討が、運輸安全委が組織した「検証メンバー会合」で〇九年一二月から進められていた。

きっかけは、〇五年に一〇七人が死亡したJR西日本の福知山線脱線事故を運輸安全委の前身の航空・鉄道事故調査委員会が調査した際、当時のY委員が〇七年六月に最終調査報告書が公表される以前の案の段階でJR西日本の社長に漏らしていたという不祥事が発覚したことだった。JR側が接触していた委員は他にも三人おり、うち二人は現役の運輸安全委員会の委員だったことも判明した。

計四人のうち三人は旧国鉄OBで、同事故調による調査の実質的な統括的役割を担う鉄道部会長も含まれていた。残りの委員一人は、鉄道行政に関わってきていた運輸省鉄道局の総務課長OBだった。そのため、事故調査で特に重視される事故原因関係者や監督・規制官庁からの独立性が、航空・鉄道事故調や運輸安全委で保たれてきたのかが問われ、「JR福知山線事故負傷者と家族等の会」は国交大臣と運輸安全委員長に、▼事故当事者と利害関係のある委員が事故調査に参加しないよう人選を見直すなど、中立性と独立性の担保▼調査や審議内容の透明性の確保、などを求める要望書を提出したのである（〇九年一〇月九日付け読売新聞夕刊）。

事故の被害関係者らから運輸安全委に改めて求められたのは、まさに新事故調査機関にも求められたのと同じ独立性だったと言える。そのため、消費者庁検討会が、運輸安全委の独立性を真に確保するためには監督・規制官庁である国交省から切り離し、新調査機関に統合したほうがよいという方向を提言する可能性が皆無とは言えない流れにあった。それだけに検討会の一部委員の間では、運輸安全委が検証メンバー会合での議論を支えに、そうした方向を回避しようとしているのではないかとみる声も出ていた。

実際、運輸安全委が担当する航空、鉄道、船舶事故の調査を独立的立場で行おうとすれば、産業振興・監督・規制行政から独立して設置されることが期待されていた新調査機関に統合することこそうなずける選択と言える。

三条委員会でも限界

確かに運輸安全委は、航空、鉄道のほか船舶事故まで調査範囲に含める組織に改組したのを機に、航空事故調以来、国家行政組織法上の八条委員会として国交省の審議会的な立場に置かれてきた組織から、独自に人事権や規則制定権などを持つ同法三条委員会に脱皮し、八条委員会よりも独立性を高めた。

だが、国交省との人事交流は引き続き行われている。運輸安全委の職員になっても、いずれ国交省に戻るとすれば、輸送関連の事故防止対策について国交省が責任を問われかねないケースでは調査の腰が引ける傾向は完全には解消し難い。そうした懸念は航空事故調創設の際に国会でも議論されたことは前述の通りである。しかも万一、運輸安全委の事故調査予算が足りなくなれば同省から補充してもらう関係は現在でも続いている。

以上のような事情から、米国運輸省を離れて大統領直属となったＮＴＳＢほどの独立性があるとは構造的にも言える体制にはないとの見方が、特に官民の航空業界の労組で組織する航空安全推進連絡会議のメンバーなどからも指摘されてきた。

運輸安全委の独立性を評価する尺度として鶴岡が注目していたのは、国交省に対して改善対策を求める勧告をどの程度出しているか、という点だった。前身の航空事故調は五二〇人という規模の犠牲者が出る日航ジャンボ機墜落事故が起きるまで勧告を一度も出していなかったからである。独立性の高さで定評のあるＮＴＳＢが政府機関である連邦航空局に対して遠慮なく勧告を出しているのと対照的だった。運輸安全委は三条委員会となって独立性が高まりはしたが、検討会の時点で航空事故について国交省に出した勧告はゼロだった。

そうした運輸安全委の別の問題点に消費者庁検討会で具体的に言及したのは、九七年に一二人が負傷した日航の米マクダネルダグラス社製MＤ11型機乱高下事故の機長を務めていた高本氏だった。その原因について前身の航空事故調査委員会は、機長が操縦桿を強く引いたために自動操縦装置が解除されて急激な機首上げが発生したのがきっかけで上下動が繰り返され、乗客と客室乗務員が負傷した、として〈操縦ミス〉によるとの趣旨の報告書をまとめた。

鶴岡が特に驚いたのは、高本氏が所属する日本乗員組合連絡会議が、〈急激な機首上げは自動操縦装置が解除される直前から起きていた〉ことを飛行記録という事実データに基づいて指摘していたにもかかわらず、それに反する認定を行っていたことである。

しかも、最終報告書取りまとめ以前に事故原因関係者は調査について意見聴取会で意見を述べる機会を与えられるはずなのに、当時の事故調は高本氏が操縦桿を強く引いたことを否定する機会を事実上失わせるような扱いまで行っていたという。

前掲書『真実の口』によれば、事故調は聴取会に向けて高本氏に報告書案を送付したが、そこには高本氏の操縦経緯の記述が全くなかった。事故調は報告書案をほぼまとめる以前には、その点について事情聴取を行おうとしなかったこともあり、高本氏が「ここに書かれていないことは私にはかかわりがないと考えていいのですか」と書簡で問い合わせたところ、「貴殿に関係のある内容は、すでにお送りした文書で尽くされていますので、これに対してご意見をお述べください」と回答してきたというのである。それなのに、最終報告書では〈操縦ミス〉という結論を示したわけである。

このような扱いが調査の手続きにそぐわないことは言うまでもなく、裁判所は一審、二審とも高本氏無罪の判決を出したが、その事故の運航・整備分野の調査を担当し、調査報告書が刑事裁判の証拠として使われるに至る証言を行った委員は運輸官僚ＯＢで、日航のＭＤ11型機導入を認めた当時の航空局の幹部だったという。

そのため高本氏は、〈航空事故調創設以前に起きたＢ727型機東京湾墜落事故の調査団長が、同型機の導入を勧めていた学者だったのと事情が似ていると感じた〉と語っている。同事故調査団は〈原因不明〉と結論したが、〈機体に異常がなかった〉としたことで操縦ミスをにおわせた点が、「人為操作を原因とすれば操縦者個人への対策で済み、航空会社やメーカーに改善を求めた場合に比べてはるかに簡単で安上がりであるし、企業や企業を監督する官庁からの抵抗も少なくなり…」（前掲書）という意味で、確かにＭＤ11型機事故と類似していると言える。

以上のような経緯は運輸安全委以前の出来事ながら、事故調の独立性や公正性を疑わせたが、ＪＲ西日本側に福知山線事故の報告書案を委員が漏えいした件は、運輸安全委に衣替えしても独立性を疑わせる性格が解消されていなかったことをうかがわせた。

そうした運輸安全委を当面も、あるいは将来も国交省の外局にとどめておくべきか、新調査機関に統合するべきかは、検討会の最終段階まで議論され続けたのだった。

評価・チェックの対象は？

混乱気味な議論を経て、先ず発足させる新事故調査機関をどのような内容にするのかという問題と、在るべき事故調査機関の将来像の関係が本格的に議論されたのは第一二回検討会からだった。

松岡氏は製品、施設事故を対象とする調査機関と、各調査機関に対して「調整・助言・問い合わせ」機能を持つアドバイザリー組織を新設し、最終的に運輸安全委を含む全ての調査機関を、緩やかながら「国民生活安全委員会」の下に統合する案を図示した。芳賀氏も「製品、食品、施設（昇降機、遊具を含む）、いわゆる『すき間』事故」を対象として新設する「消費者事故調査委員会」や運輸安全委のほか、「医療事故に関する調査機関」や「原子力災害に関する調査機関」が設置された場合、それらすべてに対して「調整・助言・提言」を行える「国民生活安全アドバイザリーグループ」を新設する案を意見書で示した。

いずれも新調査機関の調査範囲を段階的に広げる発想をうかがわせたが、特に松岡氏の案の最終段階の姿は、まさにウォッチねっと・河村案に共通するものがあった。

向殿氏は、「各省庁から独立した中立の本格的な事故調査機関」で、消費者関連の部門や昇降機、施設部門のほか、不足する場合は該当する調査部門を付け加えるという、様々な意見を整理した感のある提案を行った。ウォッチねっと案にも通じる姿だけに河村も全面的に賛成した。

そうした方向に決定的な異論は示されなかったため、宇賀座長は〈議論がほぼ出尽くした〉として、〈事故調査のあるべき姿〉について、「独立性を重視して、消費者目線で調査をする一元的な機関を目指すべきであるというご意見が、ここでの大勢」と整理した。そのうえで、「『すき間事案等』にも対応できるような包括的、一元的な事故調査機関を将来のあるべき姿として目指すべきであり、また、評価・チェック機構を持つべきであるというご意見をいただきました。他方で、各行政機関に被害者の方にとって窓口となるような機関も置かれるべきであるというのが、今いただいたご意見かと思います」と総括し、この段階では、それらの点について異論は出されなかった。

ただ、様々な分野の事故調査機関の上に立つ〈親委員会〉あるいは〈アドバイザリーボード〉の在り方は引き続き議論された。その機能は評価・チェックや各調査機関の調整か、新調査機関の内か外に置くのか、その発足は新調査機関と同時か将来なのかなどが大きなテーマになった。

門田氏は「消費者の窓口として、その目でもっていろんな専門家たちがやっておられることがチェックできるという性質のものを期待します」とし、「最初の段階でそういう組織が必要」と述べ、片山氏や市川さんも賛同した。松岡氏は、親委員会が「しっかりした人々で構成」されて評価・チェックできることを前提として、新調査機関に一体化しても問題ないとした。鶴岡も、将来像に至る過渡的な姿として、既存調査機関の調査が消費者目線にかなうものになっているのかをチェックする必要があるとの観点から、新調査機関に「欠かせない」機能であるとの意見を述べた。一方、佐藤氏は、アドバイザリー組織と親委員会の関係は「将来議論すればいい」とした。

運輸安全委も評価・チェックの対象に

実は、この日に向けて運輸安全委は「評価・チェックの対象外にしてほしい」との意見書を提出していた。JR西日本幹部への委員による報告書案漏えいや事前接触という問題事を起こした後だけに、その意見書が事前に検討会委員に示された後、一部委員の間では〈そんなことを求める資格があるのか〉との声も上がっていた。

鶴岡は第一二回検討会の時点でも、運輸安全委が航空事故調査結果に基づいて国交省に対する改善勧告を一件も出していなかったことに加え、高本氏が乱気流事故の調査の不十分さを具体的に指摘して再調査を要請したにもかかわらず、その要請を門前払いにしてきたことをも踏まえて、運輸安全委の独立・中立性については「構造的な限界」があるとの観点から「評価・チェックの対象に含めるべき」と述べた。

確かに、MD11型機事故を調査した当時の航空事故調の委員は既に退き、運輸安全委に就任しているわけではない。だが、運輸安全委への改組を決めた衆参両議院の付帯決議で「専門性、中立性及び独立性の観点から、適切な人材を選任すること」と求められていたにもかかわらず、前身の航空・鉄道事故調査委員会委員が福知山線事故の報告書案をJR西日本に漏えいしたことで、後継の運輸安全委は改めて独立・中立性に疑問符が付いたと言えた。

その問題の検証メンバー会合は、佐藤氏や消費者庁検討会で意見発表を行った柳田邦男氏らが参加し、事故調査の在り方について極めて多岐な点について詳細に検討して、被害者の視点や情報公開などを重視することなど有益な提言を行っている。だが、その提言では、報告書案漏えい問題の核心となった運輸安全委員の人選について、「福知山線事故負傷者と家族等の会」が国交相に「事故当事者と利害関係のある委員が事故調査に参加しないよう人選を見直す」ことを求めていたにもかかわらず、委員には「適切な専門性」が必要なほか、「公正な立場を貫いた委員も存在した」ことなどを挙げ、「関係業界出身者ということのみで委員候補から除外すべきではない」とするだけで、調査の中立・公正と委員の関係の在るべき方向についての新たな言及はなかった。

その後に発足した消費者事故調が、市川さんが被害遺族となったエレベーター事故を調査することを決めた際、同事故調の畑村委員長がエレベーターメーカーによる調査に関わってきていたことを理由に自ら検討の場から退席したのと比べれば、検証メンバー提言は委員の独立性確保という点で十分だったのか疑問を残すものだった。

だが同提言は、消費者検討会が議論している消費者事故等を対象とする新調査機関に触れた個所では、運輸安全委が三条機関として「高い中立性・独立性を有する」と評価。八条機関とされる可能性が見えていた新調査機関とは「性格の違いも大きい」とした。

　そのためか、検証メンバー委員でもあった佐藤氏は第一二回検討会後に提出した意見書で、様々な課題を抱えて発足する新調査機関については「評価・チェックする必要性が高い」とする一方、運輸安全委は「事故調査の手続等は相当に成熟して」いるとして、運輸安全委も評価・チェックの対象とすれば「機能の統一性や公平性などの点で混乱を招く原因ともなりかねない」として、評価・チェックの対象を新調査機関だけに限るべきとした。仮に運輸、医療事故を評価・チェックの対象とするとしても、評価・チェック機関には再調査命令機能は付与せず、「調整・助言・提言に限定するべき」とした。

　再調査問題については、芳賀氏も佐藤氏を支持する意見書を提出し、鶴岡が同じタイミングで提出した意見書で〈評価・チェックが行われた結果を毅然として示す措置としては助言より勧告や建議のほうが妥当〉とした考えも批判した。理由は、評価・チェックを行う機関の専門性は「各分野の調査機関に及ばないものにならざるを得ない」ほか、「一部被害者等の応報感情や、マスコミ論調、政治情勢などに影響を受けてしまうことを私は懸念します」とアピールした。

　だが、政治情勢はともかく、被害者の声やマスコミの取材に基づく新事実の発見などに耳や目をふさぐべきでないことは、検証メンバー会合でも検討会の議論でも被害者の視点が重視されるに至ったほか、福島第一原発事故における報道で事故防止対策の様々な問題点がメディアによって摘出されたことにも示されたと言える。

ただ、各専門分野の調査機関が調査した内容の細部についてまでチェックすることは困難な場合が確かに考えられる。この問題点については第一三回検討会で向殿氏も「厳密なチェックは無理」と指摘し、河村も同様に考えていた。だが、向殿氏は同時に、「誰が見てもこの点はこうやるべきなのにやっていないとか、普通の一般の消費者の質問、疑問に全く答えていないのではないかとかでもう一度調査してとか新しい事実が出たので再調査してくれとか、そういう評価・チェック機構という機能も実はある」という考えも示した。

実際、高本氏のように事故原因関係者が異議を唱えるかたちで調査の問題点を指摘し、そうした情報に基づいて評価・チェック機関が再調査の必要性を認めるといったケースは起こり得る。再調査機能付与の必要性と実現性は、少なくとも結果的には消費者事故調が発足後、国交省の昇降機等事故対策委員会が一応の結論を出していたエレベーター事故の調査に乗り出したことで示されたと言えよう。

報告書案から削除された〈理想としての統合・一元化〉

第一三回検討会は、事実上、最終的な論議の場になった。そこで消費者庁事務局が提出した取りまとめ案では、新調査機関には製品、食品や昇降機などを含む施設のほか「すき間」分野を対象とする一方、経産省系のNITEや国交省の昇降機等事故調査部会のような規制行政目的の調査組織は、新調査機関と統合させるのではなく、各組織・機能と両立させ、運輸安全委についても、検証メンバー会合の提言に沿って新調査機関への当面の統合を見送る方向を示した。

また、評価・チェックについても、新調査機関などの事故調査実施機関に対して「必要に応じて助言や提言を行い、複数の機関相互の調整・連携を図る」機能を持つ「消費者事故等調査アドバイザリーボード」（仮称：最終報告書では「消費者事故等調査評価会議」）を、新調査機関とは別の機関として整備する方向を提示した。その場合の運輸安全委の扱いについても、「検証メンバーによる提言に沿った対応に期待する」とした記載が、運輸安全委を評価・チェックの対象からも外すと読めた。

それらの点に関連する意見としては、中川氏が「運輸安全委員会が所管しているものは、あるいは（新調査機関の調査対象と想定される：筆者注）消費者事故等に入るんですよね」と消費者庁事務局に確認を求めた。それに対し、案を整理した事務局の坂田進・消費者安全課長は、「すべてではないということですけれども」と微妙な言い回しで答えた。中川氏がさらに、「普通のお客が乗っている航空機の事故であるとか、客船の事故であるんであれば消費者事故等に入る」と念を押すと、坂田課長は「そうですね」と認めたうえで、「ただ、例えば貨物船同士が衝突したとかいうものは当然入らないということになるかと思います」と、ビジネス業務事故は例外になるとの解釈を示した。それにしても、客が絡む輸送事故が新調査機関の調査対象に含まれるなら、評価・チェックの対象にもなり得る、という類推も成り立つ説明だった。

河村は評価・チェックの役割について、「いらないとは思いません」と述べたが、それは〈包括的な姿で設置される事故調査機関の中の上部組織（親委員会）が行える〉と考えていたためだった。

鶴岡も当初は、新調査機関が消費者目線をすべての事故調査分野に行えるよう、産業振興・監督官庁とは別の内閣府に設置されるはずの新調査機関に担わせてよいと考えていた。しかし、消費者庁との意見交換の際、黒木理恵・消費者安全課長補佐から「（新調査機関）自身の調査はチェックしなくてよいのかという考えもあります」と指摘された。確かに、〈一〇〇％完璧な調査は困難であることを考慮すれば、新調査機関が行う調査もチェックされる必要がある〉と考え直し、評価・チェックは過渡段階では新調査機関が担うとしても、原則的には〈別の組織に委ねるべき〉とする門田氏の意見にも沿った事務局の取りまとめ案に賛同した。

医療事故について、取りまとめ案では、新調査機関とは別の調査体制が構築される必要性を指摘した後、「なお、消費者事故調査の機関については、それらの一元化も将来の理想像と考える」と付け加えられた。これは、第一二回検討会で市川さんや芳賀氏らの意見を基に、宇賀座長が「当面については、運輸安全委員会は別立てとして新しい消費者事故調査委員会のほうには統合しないこととし、将来的には一体化を目指していくということですね」と整理したことを受けての文章だった。

だが、将来像については驚いたことに、最後の第一四回検討会向けに示された最終取りまとめ素案では「一元化も将来の理想像と考える」との文言が削除対象にされていた。

実は、検討会だけでは意見の取りまとめが間に合わなくなるおそれが出ていたため、メールによる意見交換も同時並行で行われていた。その際に、第一三回で整理されたはずの〈将来像としての一元化〉に改めて異論が寄せられたことから、消費者庁事務局が削除案を示すことになったのである。

第一四回検討会では、それを裏付けるように、将来像としての一元化を示すことは時期尚早とする複数の意見書が提出された。そのうち佐藤氏は「一元化の議論は、それぞれの分野の事故調査活動が軌道に乗ったことを前提に、それぞれの分野の違いから来る相違点を踏まえてもなお、一元化するメリットのほうが大きいと思われる場合になされるべき」との考えを記していた。

佐藤氏は前記鉄道安全推進会議の有力メンバーとして欧米の事故調査にも詳しく、航空事故調を鉄道事故も調査範囲とするよう脱皮させるうえで牽引車役を務めてきたことで、鶴岡としてはその意見に注目し続け、鉄道安全推進会議編『鉄道事故の再発防止を求めて』（日本経済評論社）に佐藤氏が執筆した文に共感を抱いていた。

特に、事故調査機関は「場合によっては事故を発生させた鉄道事業者だけでなく、運輸省などの鉄道監督機関の安全監督行政をも調査の対象とする必要が生じる。事故調査機関が第三者機関であることは、そうした際の調査の中立性と客観性を担保するための要件である」、「鉄道安全推進会議は、これまでわが国においても、事業者からも運輸行政からも独立した事故調査機関を設立することの必要性を主張してきた」という個所はポイントを突いていると感じてきていた。それだけに、運輸安全委を完全に国交省から切り離し、産業振興・監督官庁とは性格の異なる内閣府所属となる可能性があった新調査機関と将来は統合し、それまでの間は新調査機関の評価・チェック対象とすることで意見が一致できるはずと考えていたのだが、個人的に意見交換を繰り返してもそうはならなかった。

佐藤氏が所属していた運輸安全委の検証メンバーがまとめた提言は、運輸安全委について「目下改革のさなかにある一方で、他の消費者事故の調査機関はこれから形を整えていく段階にあり、両者がいきなり合体して調査体制を一体化するには課題が多すぎる観がある」とした。将来像についても、「両組織それぞれの調査活動が成熟をみた段階で、両組織・両制度の統合の是非を含め、我が国の制度における事故調査機関のあり方が再検討されるべきである」として、将来の方向性を示すことも避けたが、佐藤氏の見解もその範囲だったのである。

芳賀氏も「消費者事故の調査機関が設立されて活動を開始し、他の事故に関する調査体制も整備されたうえで、統合のメリット・デメリット等について検討を開始するのが適当と考える」と表明。笹倉氏も「一元化によって、分野横断的に、消費者の視点に立った理念が共有されることになるでしょう。私はそのような見地から、将来における一元化を目指すべきであるという考え方に異を唱えませんでした」としながらも、主に「一元化のスケールメリットは、現時点では、想像の域を出ません」

との観点から、唯一のではない「ひとつの（中略）将来像としてありうることを指摘するにとどめるのが適当であると考えます」とした。

論拠ある〈一元化〉

事故調査一元化に通じる論拠は実は、佐藤氏ら鉄道推進安全会議の働きかけなどで航空事故調に鉄道事故の調査も担わせるよう関連法改正が実施された際、政府側が示したことがあった。〇一年三月三〇日の衆議院国土交通委員会で国交省の安富正文・鉄道局長は「航空と鉄道の事故調査を行う上で必要な専門事項のうち、例えばヒューマンファクターであるとか金属疲労の問題であるとか、あるいは自動制御システムの問題といったような幾つかの共通の分野があるんじゃないか。さらには、調査のやり方、調査の手法、分析手法といったことについても幾つかのノウハウの共有というのが可能ではないかということで、今回、同一の組織でやることにしたわけでございます」と述べた。

後に運輸安全委に改組する際に船舶事故調査機能も統合した際の論拠にもなり得た認識であるが、特に後段の指摘が事故調査一般に通じる性格であることは否定できないはずである。また、検討会で異論なく確認された理念も事故調査一般に通じるものであるからには、将来、事故調査機関を一元化・統合するうえで支障となる要素は、運輸安全委やＮＩＴＥなど調査関連の組織や権限を抱える省庁との調整くらいのことであり、権限保持にこだわる官僚が抵抗するとしても、国会審議を経ての政治決断で乗り越え可能な〝壁〟にすぎない。

また、〈統合すれば組織が過大になる〉との異論について、河村は第一一回検討会後に提出した意見書で、安富氏が国会で答弁したのと同様な事故調査共通の手法があるゆえに、異なる事故部門の調査スタッフも「部門を超えて柔軟に調査に参加することも可能である。運輸事故と製品事故はまったく異なるものだという考え方は妥当ではない」と指摘した。組織効率性については、分かりやすいケースとして「経理等の総務部門について一本化できるので予算の効率化にもつながる」ことを例示した。

さらに、専門性を高めるうえでのメリットとして「小規模な組織の場合、事務局（特に調査官）のプロパー採用は困難であり、何年経っても出向や任期付きだけで専門性が高まらない。一定規模の組織になれば新卒採用を行って生え抜き職員（調査官）を確保でき、専門性を高めることができる」との見解も表明した。

この点は、例えば運輸安全委の場合、航空事故調発足から数えれば約四〇年もの歴史があるのに、いまだに国交省から出向し一定の任期後に復帰する職員が半数近くを占めているという事実が、組織の独立性に疑義を生じさせる要因になっており、そうした問題点を解消する意味からも事故調査機関の一元化が役立つとの指摘は、池田氏が関わってきた航空運航システム研究会での議論を通じ、原子力の分野を含めて統合の可能性とメリットを感じてきた鶴岡にとっても目新しく映った見解だった。

また、河村も鶴岡にしても、笹倉氏ら一部委員が参加した海外諸国の事故調査状況の実態調査で、オランダ安全委員会（ＯＶＶ）が「分野は違っても、背後にある原因は同じことが多い。したがって、事故調査の効率を考えると分野横断的に取り組む方が良い」、「鉄道事故から学んだことがおもちゃの事故にも使えることがある」として、あらゆる分野の事故を調査対象としていることに注目し、〈一元化は理にかない、実現も可能〉と考えていた。

記録にとどめられた補足意見案

それだけに、煮詰め段階で改めて、将来の一元化を理想像として示す文章に異論が唱えられたことについて、河村は〈産業育成省庁の縄張り意識の反映ではないか〉と感じつつ、〈理想像の意見を何とか残さなければ〉と考え、ウォッチねっとでも相談した。その結果、〈補足意見として最終報告書に添付してもらう〉というアイデアにたどり着き、拝師事務局長とともに文案を作成した。最終報告書に添付されれば、五年後の消費者事故調見直しに向けた議論が行われる際、検討参加者に注目してもらえる可能性が高まるからだ。

理想像としての一元化には、賛成した委員が安全工学専門学者を含めて目立っていたことから、河村らは補足意見案について賛同を募って連名で提出することにし、鶴岡にも連絡をとった。鶴岡としても理想像の記述が削除されたことに失望し危機感を抱いていたため、河村の提案にはすぐ同意し、手分けして他の委員に呼びかけた。

時間的に切迫していたことから全委員に連絡を取ることはできなかったが、市川さんのほか松岡氏、向殿氏という安全工学の専門家や門田氏の計六人の賛同を得られた。河村が各委員から寄せられた意見を取り込んで文案を調整した後、最終回と予定されていた第一四回検討会の前日の二〇一一年五月三〇日、最終報告書に添付してくれるよう求めて河村から消費者庁の検討会事務局に提出した。

しかし、その日のうちに補足意見案を事務局が全委員にメールで伝えて意見を求めたところ、明確に反対する委員が少なからず出た。それだけに、検討会で採決を求めれば、最終の検討結果が一部ながら対立したままという、新調査機関にとっては不幸な船出になりかねない状況になった。そのため、新調査機関の早期かつスムーズな発足を優先させる意味から、残念ながら六委員は〈最終検討会で補足意見の趣旨を説明し、検討資料として残すよう求める〉こととした。

結局、最終報告書では、将来の統合・一元化論のほかに、「現状において不足している（中略）機関の整備に取り組むことこそが肝要」という「複数の意見があった」ことまでは記載された。また、補足意見案は報告書添付資料ではなかったが、意見書として記録が残されることになったのだった。

八　残された課題

遠い「統合・一元化」

❖ 懸念まじりの発足

様々な議論が交わされた検討会が第一四回で終了したのは二〇一一年五月三一日だった。その三か月後の一一年八月二九日、消費者事故調の設置を盛り込んだ改正消費者安全法が制定され、新調査機関の発足が確定した。

だが、河村らが共同代表幹事を務める「新しい事故調査機関実現ネット」（略称・事故調ネット）は、積み残された課題の多さを意識していた。改正法制定の時点で早くも、〈五年後の見直し〉が定められたのを受けるかたちで、▼必要な調査がもれなく行われているか▼公正中立な調査が行われているか▼各事故調査機関が分担している事故調査対象が妥当かどうか、などを検討したうえで「抜本的な制度改正を行うこと」を求める声明を出したのはそのためだった。

確かに、検討会の最終回会場では、出席した委員の間に〈これで新調査機関の誕生にこぎつけられる〉という思いが流れてか、ホッとした空気が漂った。ただ、市川さんはそんな雰囲気に「疎外感を覚えていました」という。

エレベーター事故に直面した当時は、国交省が規制・監督官庁なのに調査を頼れず、捜査を担当する警察からは事故原因に関する情報を得られない、という状態が長く続いた。しかも、新調査機関の誕生に期待する気持ちはあったが、発足直前には消費者庁側から〈市川さんのエレベーター事故は対象外〉と告げられさえした。

そんな経験が重なってきただけに、〈事故調査機関の新設が固まったからといって、果たして円滑・スピーディーに調査を進められるのだろうか〉という疑念が消えなかったのだ。

運輸安全委とはケタ違いな小規模

特に、消費者事故調の体制の弱体ぶりは、補足意見案で提言した〈各種事故調査機関の統合・一元化〉という将来像に照らせば、あまりにも不十分で、将来像実現の道のりの遠さを痛感させるレベルだった。それが、二年経っても最終報告書と、「評価」報告書とも三件ずつにとどまるという、調査実績の少なさにつながっていたことは間違いない。

調査の遅さは、畑村委員長の記者会見でも報道陣から再三再四、指摘や質問が投げかけられた問題点であり、消費者事故調の設置法案を国会で審議する段階から重要課題として認識されていたのである。

例えば、一二年八月一日の衆議院消費者問題特別委員会で〈必要な調査がもれなく速やかに行われる〉規模なのか否かが問題視された。質疑では、当時で年間一万六千件も消費者庁に報告されていた事故の調査体制について、〈運輸安全委の事務局が一七六人で予算が二一億円なのに対し、消費者事故調では独自の事務局を設けず二〇人の消費者庁事故調査室に代替させ、予算も二億円足らずにとどまるのでは、年間調査目標の一〇〇件をこなせるのか〉について疑問が投げかけられたのである。

これに対し、当時の民主党内閣は〈仕分け〉に象徴された行政効率化を重視していたこともあり、〈特別な事情がない限り、審議会に独自の事務局を設置しない〉とした審議会組織指針を理由に挙げただけだった。

イギリスで事故調査について学んできたという髙本氏は、発足二年目でもわずか二三人にしか増えなかった事故調査室員が専門委員と協力しつつ調査や報告書の作成に奔走する姿を、「気の毒になる」と評した。それゆえの調査の遅さは、市川さんら調査申し立て者やメディアの記者らにある程度理解されながらも、不満と批判の根源になり続けてきたのだ。

同特別委では、消費者事故調の本委員会の委員全員が非常勤である点についても、〈一三人の委員のうち八人が常勤という運輸安全委と比べて不十分ではないか〉とも指摘され、衆議院付帯決議では〈一部を常勤にすることを検討する〉ことが求められていた。

消費者事故調が拠って立つ事故調査の理念が、いかに説得力があるとしても、国民が求める様々な事故の調査を円滑にこなせなければ信頼は得られない。そのためにも調査体制の充実は急務なのである。

調査権限囲い込みの動き？

消費者事故調の歩みの遅さの陰で、消費者事故調とは別の官庁が、独自に法的権限を取得して事故調査の範囲を確保しようとするような動きが表面化したのは一四年一月五日だった。その日の読売新聞が「コースター転落死など　遊具事故　国に強制調査権　建築基準法改正へ　エレベーターも」と報じたのである。

エレベーターやエスカレーターのような昇降機は建築基準法令で安全規制などが定められている。ところが、同法令を所管するのは国交省だが、現行法令では重大事故が発生しても現場に立ち入り調査したり、関係者からの事情聴取は自治体にしか認められていない。そのため、国交省による事故調査は任意で行うしかなく、製造事業者などの協力を得にくいので、調査に対する虚偽の回答などを処罰できるなど強制調査を可能にするよう、一五年度中の法改正を目指す、というのである。

一見すると、国交省が昇降機などの安全確保に積極的な姿勢で臨もうとしているかに見える。また、消費者事故調が扱うのは「消費者事故等」であるため、金沢市の業務用エレベーター事故は同事故調の調査対象外扱いされているという事情もある。

それだけに、国交省の方針は現状では合理的な面もあるかにも見える。だが、遊具事故などは「消費者事故等」に該当する。従って、国交省としては、消費者事故調がエスカレーターやエレベーターのような、同省が安全規制法令を所管している分野の事故まで含めて調査を行い始めたことに対抗するかたちで、自省が扱える事故の範囲を広げ、調査権限を拡充しようとするような〝省益確保〟的な動きではないかと映るのも否めない。

実際、消費者事故調が発足する以前では、港区のエレベーター事故について、市川さんが同省に調査を行うよう求めても当初は応じようとしなかった経緯もある。

同様に、同省のなかでも特に、エレベーターを含む建築関連行政を担当する住宅局が消費者保護に消極的な体質を持っていることを印象付ける出来事が起きたことがある。〇五年一〇月に発覚したマンションなどの耐震強度偽装事件がそれだ。

同事件について国交省は〇六年一月二〇日に公表した文書で、国指定の民間確認検査機関イーホームズから、「建築確認時に添付された構造計算書の偽装の可能性について報告を受け、一〇月二八日(〇五年：筆者注)から国土交通省で調査を進めてきたところ、一一月一六日までに、偽装が事実であること、偽装された構造計算にもとづき建築された場合、耐震性に大きな問題があるおそれがあることが判明」と、経緯を説明した。

ところが、イーホームズの社長だった藤田東吾氏の著書『耐震偽装』(ｉｍａｒｕ刊)によれば、事件表面化前の一〇月二六日、耐震強度の構造計算書が改ざんされていることを知って住宅局建築指導課に通報した。だが、同課員からの返信メールは「課内で検討いたしましたが、当方としては、本件は申請者と貴社との問題であるとの認識で一致しました」というものだった。「申請者」とは、確認検査を依頼したデベロッパーのことである。

つまり、マンション入居者の安全に影響する重大事態なのに、〈住宅局は関わらない〉とする回答だった。しかも、国交省が初めて問題を公表したのは、鶴岡の知り合いの記者が同省への取材を開始した翌日で、〈隠し切れないとみて発表したのではないか〉と疑われても仕方のない対応ぶりだったのである。

追求すべき調査体制一元化

そのような国交省の対応の陰には、消費者保護を棚に上げて、建築物の安全規制行政の責任を追及されるのを回避しようとした意図が推察できた。港区のエレベーター事故でも、国交省は事故現場への立ち入りが警察によって禁止されたり、事故機が捜査の証拠物件として押収された事情はあったにせよ、事故発生から二年二か月の間、事故機の調査協力を要請せず、調査のための昇降機等事故対策委員会を設置したのは、さらにその半年後だったことが、質問主意書に対する政府答弁書で明らかになったのは前述のとおりだ。

そのような体質を露呈し続けてきた国交省、特に住宅局が、建築施設事故の調査のため強制権限を付与されたとしても、果たして消費者保護を重視する観点に立って積極的に調査するのかどうか疑問無しとしない。

同省はさらに一四年六月には、バスやトラック、タクシーなどで発生する重大事故についても原因究明などを行う事業用自動車事故調査委員会を発足させた。その動きについても、鶴岡としては同様な疑問を抱かざるを得ない理由がある。

前述した例だが、八〇年代に同省の取材を担当していた当時、電磁波での自動速度調整装置の誤作動を指摘する声が上がっていたなかで、同省の欠陥車対策の担当課長が〈問題は全然承知していない〉と述べたにもかかわらず、自動車業界誌に電磁波問題での警告文を寄稿していたことなど複数のケースの情報から、同省の自動車安全対策が業界寄りになりがちな面があることを実感させられたためだ。

その後、欠陥車対策そのものは情報公開などの面でかなり改善されてきているが、重大事故をきっかけとして行政責任も問題視されるようなケースで、事業用自動車事故調が行政見直しまで含めた適切な対策を提言できるのか、懸念を払拭し切れないのである。

同省が強制調査権を取得しようとしている動きについて、内閣府の関係者の間では「前向きに取り組んでくれるのなら、それはそれで結構」という声も出ている。その陰には、消費者事故調の現状の貧弱な調査体制では調査の遅れを解消できそうもないという、一種のあきらめもうかがえた。

しかし、市川さんも語ってきたように、〈事故調査は、同じところが行うほうが私たちには分かりやすい〉。しかも、エレベーターにしても自動車にしても、用途が消費生活用であろうと事業用であろうと基本的なメカニズムに顕著な違いがないとすれば、それらの事故の調査機関は統合・一体化した同一組織であるほうが、メカニズムや保守管理などの問題点の情報共有・蓄積を含めて、間違いなく原因究明や再発防止対策の立案をスピードアップできる。

そのうえ、消費者事故調が、産業振興に偏らず消費者保護を支える役割を担って誕生させられた経緯を踏まえれば、国交省のような産業振興官庁に、基本的に同じ行政分野の調査を可能とする権限を消費者事故調以外の調査機関にも付与する〈事故調査体制の複線化〉を進めるようなら、消費者行政転換の流れに逆行することにもなる。

そんな事態を回避するためにも、今後の見直しでは、事故調査体制の乱立を防ぎ、将来像としてであっても、検討会で確認された事故調査一般に通じる理念に基づいて、あらゆる事故の調査を行う体制を一元化していく意義を確認しておく必要がある。

組織の独立性も問題視

他方、前述の衆議院消費者問題特別委では、消費者事故調を消費者庁に所属させることが独立性の確保につながるのかという、組織の性格も論点として取り上げられた。

その件では、事故調ネットが前述の声明を出す六日前に開いた参議院院内集会で、拝師事務局長が〈内閣府付きの三条委員会（に相当する外局：筆者注）にするのが望ましい〉と報告し、代表幹事の一人、阿南久氏も、「消費者庁が抱えるのではなく、内閣府付き三条委員会（相当の外局：筆者注）などに」と求めていた。消費者事故調を国家行政組織法上の八条委員会（のような審議会的組織：筆者注）として消費者庁に直属させるよりも、三条委員会相当の組織とするほうが、人事権や予算関連権限も独自に持てて執行でき、独立性が高まるためである。

その提言の根拠として、事故調ネットは一一年一一月に公表した意見書で、すき間事案や情報発信などにおいて消費者庁自身が執行担当官庁となった案件について、同じ消費者安全課の職員が対応することになった点を取り上げ、事故調査についての「客観性・中立性が確保できるのか疑問です」として、対応策を明確にするよう求めてもいた。

背景としては、消費者庁は、従来の事故調査を歪めてきた産業振興官庁ではないにしても、様々な業界分野に対する規制権限を手中にしたことによって、事故が起きれば規制責任を問われる立場にもなった事情がある。

国会で答弁に立った民主党内閣の松原仁・消費者問題担当相は、消費者事故調を消費者庁に所属させる理由として、①消費者安全の確保に関する事務は消費者庁の根幹に関わる重要な事務②消費者庁に一元的に集約される事故情報を事故調査活動に活用できる③事故調査で得られる知見を、消費者庁の被害防止施策に効果的につなぎやすい、などを挙げた。

ただ、松原大臣は、消費者事故調が〈第三者の有識者から成り、職権行使の独立性を示されている〉ことを挙げるにとどまりはしたが、三条委員会相当の組織への衣替えについては「将来の課題としてはあるのかもしれない」と認めた。

消費者庁長官の反論

そのテーマに関連して、鶴岡は極めて印象深い出来事に遭遇したことがあった。

消費者委員会は「消費者行政全般の監視」役として、消費者庁とは別に内閣府に設置された。その下部組織・消費者安全専門調査会の委員の一人として、一一年七月一二日に開かれた第一〇回審議に出席していたときのことである。テーマは、消費者の安全を確保するための事故情報の収集・分析・

活用や法制度面の課題を探るというもので、その日は一連の検討結果を基に最終報告書の取りまとめが予定されていた。

ところが、委員の質問にも答えられるよう出席した「説明者」のなかに、消費者庁消費者安全課の企画官ら二人のほかに、当時の福嶋浩彦・消費者庁長官も着席したのである。

各省庁の審議会でも、トップが最終回に出席することはあるが、その場合は審議委員の労をねぎらい、審議結果に基づく政策立案などの抱負を述べるのが通例だ。しかし、福嶋氏は最終報告書案に記載された内容について修正を求める意見を展開したのである。

その一例は、一一年四月に発生し五人の死者が出た焼き牛肉食中毒事件への消費者庁の対応に関する記述への、事実上の反論だった。

消費者庁は、各種事故の発生などを定例的に公表する日を消費者安全法に基づいて設定しているが、福嶋氏は、最終報告書案に〈焼き牛肉食中毒事件については、定例公表日に公表せず〉などと記載されていたことを取り上げ、そのような記述では、〈定例の公表日なのに、消費者庁はあえて公表しなかったと読める〉とした。

そのうえで、「定例の公表というのは、（中略）前の週までに通知があったものを定例公表日に公表するというルールになっています」と述べた。

消費者行政専門官庁の責任とは

福嶋氏の指摘の趣旨は、その牛肉食中毒事件についての報告が発覚地の富山県から消費者庁に届いたのは定例公表日と同じ週の前日だった。従って、同事件を公表するとすれば「ルールとしては翌週に公表するということになります」のに、最終報告書案の書き方は、「定例の公表日なのに『公表せず』というふうに誤解が生じる表現」という主張である。

つまり、〈定例公表日だったからといって、その前日に報告が届いた案件は、ルール上は、その公表日時点では定例公表の対象外なのだから、焼き牛肉食中毒事件をその週の定例公表日にあわせなければならない事情は無かった〉と言いたかったようだった。

だが、その場に出席していた消費者委員会担当の参事官は、「消費者事故等による被害の拡大、または当該消費者事故等、当該評価事故等と同種もしくは類似の消費者事故等の発生の防止を図るため、消費者の注意を喚起する必要があると認められる場合等、緊急重大な事案については、定期的な公表によらず、迅速に公表をもっていく、というルールがあります」と述べた。

すなわち、〈焼き牛肉食中毒事件は、死者も出ているような〝緊急重大性〟がある事件なのだから、定例公表ルールに縛られず、消費者保護の観点から「迅速に公表」すべきだったのではないか〉と指摘したことになる。

消費者庁といえば、設置当時の首相だった麻生太郎氏が〇八年九月に国会での所信表明で〈消費者、生活者の味方をさせるため設置する〉と述べた官庁である。そうした性格の官庁であっても、自らの消費者保護責任を問われるのを敬遠するという、官民の各種組織に共通する傾向から免れられないのではないか、と思わせられた出来事だった。

消費者事故調の立場に戻れば、事故調査の結果、消費者保護の規制権限を持つ消費者庁の責任をも問うことになる可能性があるだけに、消費者庁に属する調査機関であっても、消費者庁からの独立性は極力保つ必要がある。

消費者問題に関わる人たちからも、〈消費者事故調を消費者庁から切り離して三条委員会相当の組織に相当する内閣府の外局に〉という声が上がるのも、そうした背景事情があるためと言える。

「三条委員会相当の組織に」という案はまた、消費者事故調の将来像からみても必要な措置とみなされ得る。消費者事故調が運輸安全委の担当する各種輸送事故を担当範囲に加えることが現実の課題になった場合、三条委員会である運輸安全委より独立性が低い八条委員会的な組織のままでは異論が出される可能性があるためだ。

それにしても、まる二年間を消費者事故調に専門委員として関わってきた河村とすれば、調査実績が「評価」を含めても六件にすぎなかったため、「とにかく実績を積まないことには、複数の事故調査機関の統合・一元化の母体として認められるのに必須な信頼と独立性を高められない」という思いが強まった。多くの調査申し出を寄せる消費者のためにも、「将来像」実現のためにも、消費者事故調に実績を積める力を付与する調査体制の拡充・強化は、実施不可欠なテーマとの見方である。

不明確な〈捜査より事故調査優先〉

妥当だった国会決議

一方、検討会でもめた事故調査と刑事捜査の関係は、前述のように刑事司法側の消費者事故調に対する鑑定嘱託など、未調整の課題を抱えている。

ただ、国会は問題の所在を的確にとらえていた。前記の衆議院付帯決議で「事故原因調査に必要な事故現場の検証や生命身体等事故関係者からの事情聴取について、刑事手続との関係で制約されることなく十分に実施することができるよう、必要な措置を講じること。この場合、警察等の捜査機関にあっては、消費者の利益の確保と再発防止を図る観点から、積極的に資料提供に協力すること」を求めたのである。

他方、消費者庁検討会で現行の枠組みを強調した笹倉氏は、その後も、法律専門誌『ジュリスト』の№一四三二（二〇一一・一一・一）と№一四三三（二〇一一・一一・一五）で同様な見解を表明した。氏は、「真に論ずべきは、事故一般について処罰を否定すべきか否かではなく、明らかに処罰相当な事例と明らかに処罰不相当な事例の中間に位置する事例群（グレーゾーン）をどのように扱うかである。そして非法律家の論者は、この中間領域において不処罰の範囲を可能な限り拡張することを志向する」と検討会の議論を整理した。

「非法律家」とは、検討会で刑事捜査より事故調査を優先すべきと主張した委員を指していると思われるだけに、〈非法律家委員〉はこの指摘に違和感を覚えただろう。前述したように、〈非法律家委員〉は特に検討の煮詰めの段階では、事故調査の遅れや事故原因関係者の萎縮が生じないよう調査手続きを捜査に優先させることを主にアピールしたのであり、「不処罰の範囲を可能な限り拡張」しようと主張したわけではなかったからである。

国会決議はさすがに、事故について〈捜査を排除する〉わけではなく、原因究明を迅速に行って同種事故の再発による被害者の増加を防ごうとする事故調査機関の活動を捜査手続き面で妨げない意義の大きさを認識したことを示したと言えよう。

限界が残る捜査への協力関係

その決議に沿って消費者庁は、捜査優位を色濃くにおわせた運輸安全委と警察庁との間の覚書に比べ、警察庁と対等の関係を印象付けた確認書を一二年一一月一六日に交わしたのである。象徴的な文章は、「調査委員会〈消費者事故調：筆者注〉から警察に対し、事故等原因調査に資する情報の提供の要請があったときは、警察は支障のない限りこれに応じるものとし、警察から調査委員会に対し、犯罪捜査に資する情報の提供の要請があったときは、調査委員会は支障のない限りこれに応じるものとする」というものである。

この確認事項取りまとめの前に、高本氏らは消費者庁側に、運輸安全委が交わした覚書の表現の問題点を指摘していたというが、その効果とも思われる表現になったのだ。

消費者事故調側では発足後の捜査側との関係について、警察などが事故調査機関の調査結果を捜査の支えとするような、航空機や鉄道などのように複雑なシステムの事故を扱う機会もないだけに、〈特に問題は感じていない。事故の現場もチェックできている〉との声もある。運輸安全委は警察庁との間で捜査優位と読める細則を取り決めているが、〈現状では、〈事故調査優先を明示する：筆者注〉必要は感じられない〉との立場だ。

ただ、消費者事故調が刑事司法側から鑑定嘱託を要請された場合に対応しないのかどうかは明確にされていない。警察庁は前記消費者問題特別委で、消費者事故調の調査結果について「捜査に必要と認められる場合には、これを当該事故の捜査に利用することもあり得るところ」と答弁している。だが消費者事故調は、警察側の情報提供要請に応じる範囲を「事実情報」に限って事情聴取記録は除外するのかどうかも明確に決めてはいない。

消費者事故調の本委員会が確認事項の案を承認したのは一二年一一月六日の第二回委員会だったが、その審議概要によれば、委員から「把握した『事実』は提供してもかまわないと考えるが、（中略）事実に基づいて事故の原因を推定したもの、つまり、『見解』に当たる部分を提供して、刑事裁判に利用されるのは問題ではないか」との意見が出された。その一方で、「知見を提供する場合は、その内容につき必ず、調査委員会（本委員会：筆者注）で判断する。その際には、本日の議論に基づいて判断していくべき」との意見も表明されたのである。

いずれにせよ、捜査協力の判断基準として明文化されたわけではない。それだけに、警察側の要請への対応の仕方によっては、事故原因関係者の事情聴取の際に率直な証言を得るうえで〈萎縮効果〉を生じさせるような影響を十分払拭できるかどうか懸念を残すままでよいのか、消費者事故調見直しの際には方向性を示す必要があろう。

調整難しい調査情報の公開

確認された〈柔軟な公表判断〉

消費者事故調が調査活動を通じて取得した情報の扱いについては、個々の事情や調査の進展状況に即して、公表してよいか否かについて判断を求められるという難しさがある。

第二回本委員会では、調査情報を公表する意義について「調査委員会の活動状況に関する説明責任を果たす観点からは、透明性の確保が求められる」ことを確認した。

だが、「調査の密行性や調査委員会での自由な議論が可能となる環境を確保して、円滑に事故等原因調査等を実施する、という要請もある」、「さらに、事故等の原因関係者その他の関係者（中略）の正当な利益を害さない、という要請もある」ことも考慮した。

その結果、「これらの要請のバランスを保つ必要がある」との観点から、「事故等原因調査等の内容及び結果の公表は、報告書による」ほか、「報告書を公表するまでの間に、調査委員会が事故等の再発・拡大防止のため消費者へ情報を提供する必要があると判断した場合には、関係者等への影響を考慮しつつ、適切な範囲で情報を公表する」と、柔軟に判断して対応することを原則として決定したのである（以上、第二回委員会決定の「消費者安全調査委員会による情報の公表について」より）。

公表の制約要件

国の行政機関が収集、保管する情報の公開ルールを定めた日本の行政情報公開法は、改正が必要な問題点を少なからず抱えながらも、第一条で法の目的について、「国民主権の理念にのっとり、（中略）政府の有するその諸活動を国民に説明する責務が全うされるようにする」としている。民主主義は主権者たる国民が政治・行政に参加することを原則としているが、行政情報の公開には、「国民の的確な理解と批判の下にある公正で民主的な行政の推進に資する」（同条）ことが期待されているのである。

とはいえ、行政情報は収集後、その全てが直ちに公開された場合は支障が生じる場合もありうる。そのため、日本も他の主たる国も情報公開の例外規定を置くことを通例としている。

公表の例外ケースには、公表した場合に行政の執行やプライバシーのほか、企業や個人が営む事業の利益、国や公共の安全に支障が生じるおそれがある情報とされている。

国の機関である消費者事故調による事故情報の公表を、国民が情報公開法に基づいて公開請求を行った場合、国は第五条の規定に従って判断を下すことになる。

具体的には、「審議、検討又は協議に関する情報」の公表が「率直な意見の交換若しくは意思決定の中立性が不当に損なわれるおそれ、不当に国民の間に混乱を生じさせるおそれ又は特定の者に不当に利益を与え若しくは不利益を及ぼすおそれ」がないかどうか、また、「調査研究に係る事務に関し、その公正かつ能率的な遂行を不当に阻害するおそれ」があるケースか否かが問われる。

それらのうち「審議、検討又は協議に関する情報」としての事故情報は、一般的な行政機関の「審議、検討又は協議に関する情報」とはかなり特別な事情も加わる。

なぜなら、事故調査の唯一の目的は「事故の再発防止・未然防止」にあるが、現在進行中の調査会議を公開した場合、事故原因関係者が刑事責任を含む種々の責任を追及されかねない情報や、プライバシーなど人権に関わりそうな面もある情報が、配慮なしに提示されながら議論される可能性がある。そうなれば事故原因関係者の協力を得られにくくなるほか、事実かどうか確認されていない情報が披露された場合、その情報が事実であるかのように独り歩きして調査を混乱させ、結果的に、事故調査が進めにくくなるおそれがある。

それらに加えて、事故調査機関は、消費者庁の検討会で確認されたように、「専門性」を属性とする。

一般的な行政問題についての審議・検討情報については、主権者としての国民の行政参加を有効に実現する素材として、法の適用除外要件に該当しない範囲ながら、行政機関の審議・検討とほぼ同時進行で公開することが適切な場合が多い。そうした審議・検討情報の公開について、行政機関側は「混乱を招く」ことを理由に敬遠しがちだが、国民の声が反映されるのを妨げる口実とされる場合が少なくない。

これに対し、事故調査機関の原因究明に関する検討は、まさに専門知識の保有者を中心とする会議で、専門的な意見の交換を円滑に進めることが求められる。そのため、原因究明の検討会議と同時進行かそれに近いタイミングでの事故情報の公表は、文字通りの「混乱」を招きかねない面を否定できない。

カイワレダイコン訴訟の場合

そんな事情をうかがわせたのは、一九九六年に起きた病原性大腸菌O157による集団食中毒を機に、当時の厚生省が原因を調査し、〈原因食材はカイワレダイコン〉と示唆する情報を公表したことで損害を受けたとして、生産業者が国に対して訴訟を起こし、国が最終的に敗訴したケースだった。

当時の厚生省の菅直人大臣は記者会見で、調査の中間報告に沿って、〈カイワレダイコンが原因食材とは断定できないが、その可能性も否定できない〉と発表した。それが報道されると、スーパーなどの小売店はカイワレダイコンを店頭から撤去し、生産業者からの仕入れもストップした。結果的に、カイワレダイコンの信用が損なわれ売り上げも激減したなどとして損害賠償請求訴訟を起こし、〇四年の最高裁決定で国の敗訴が確定したのである。

最高裁が容認した東京高裁の控訴審判決は、中間報告の発表自体については「原因が未だ解明されない段階において、食品製造業者の利益よりも消費者の利益を重視して講じられた厚生省の初めての措置として歴史的意義を有し、（中略）これによる影響についての配慮が十分であったか、疑問を残すものの、国民一般からは歓迎すべきことである」と高く評価した。

だが、同判決は、厚生大臣が会見で一般消費者や食品関係者に、中間発表の受け止め方や注意事項を説明しないまま発表したことにより、「原因食材と断定するに至らないにもかかわらず、（中略）中間報告のあいまいな内容をそのまま公表し、かえって貝割れ大根が原因食材であると疑われているとの誤解を広く生じさせ」、影響を広げた発表の仕方に違法性がある、としたのである。

未成熟な事故調査情報の公表は、カイワレダイコン問題のように、中間報告というタイミングでさえ、そんな〝混乱〟を招いた。まして、事実未確認情報を含めて様々な見解が交錯する場となる専門家の調査検討会議の公開を含め、確認不十分な調査情報の公表につながるような措置については慎重に対応すべき、との教訓を示したとも言える。

公表を制約する調査の密行性

消費者事故調は、調査情報の公開を制約する要素として〈調査の密行性〉も挙げた。それは、警察などが重要参考人や被疑者に気付かれて証拠を隠滅されないよう、捜査で特に留意される要素でもある。

事故の調査でも、原因の究明過程では、刑事、行政面などの責任を問われる立場の原因関係者が証拠を隠したりするケースも起こりうる。現に、一九八八年に東京湾で海上自衛隊の潜水艦と衝突した遊漁船が沈没し三〇人が死亡した事故では、重要な証拠になるはずの航泊日誌が改ざんされたり、一審の論告求刑で検察側が艦長の偽証を指摘する事態も起きた(上村淳『なだしお事件　全記録　潜水艦なだしお・第一富士丸衝突事故』第三書館)。

「調査の密行性」は、そうした証拠隠滅や口裏合わせを防ぐためにも必要な場合があることは、刑事捜査とも共通する面である。消費者事故調が情報公開基準で、どんな事故を調査案件として選んだのかという情報も、〈公表しても特に支障がないか、公表したほうが消費者の利益が上回る場合以外は非公表〉としたのも、同様な理解に基づくとみられる。

調査経過情報の公表実態と意義

ただ、実際には消費者事故調も運輸安全委も、調査経過情報を公表してきている。たとえば、重要な航空トラブルの現場付近で、派遣された事故調査官が記者の質問に応じる光景は日常化しているが、それは運輸安全委が事故調査実施要領通則で定めた「現場調査により知り得た事実は、可能な限り発表するよう努めるものとする」というルールに則した措置であり、現場で確認された事実に基づく情報として公表されている。

他方、ホームページでは、消費者事故調も運輸安全委も調査の経過報告書を、事故の概要はもちろん、確認された事実に関する情報を写真や図面も含めて公表している。

たとえば、一四年七月に消費者事故調が公表した東京・港区のエレベーター事故調査の経過報告では、事故機のブレーキの特性の項目で、〈現時点では確認されていない〉としながらも、事故につながった要因の分析情報まで公表した。

運輸安全委も、日米の航空当局が一時運行停止措置を取って広く影響を及ぼしたボーイングB787型旅客機のバッテリー焼損トラブルについては、一三年一月以降、四回にわたって調査の進捗状況の情報を公表した。やはり、写真や図も示しつつ、飛行記録装置から読み取れた分析情報や、バッテリーの検証で確認された事実とその解釈にも踏み込んだ情報を掲載している。単なる事実情報の紹介だけでは一般人には理解しにくいだけに、適切な公表ぶりと言える。

そうした調査経過情報の公表について、消費者事故調の設置を定めた改正安全法は第三四条で、「被害者及びその家族又は遺族の心情に十分配慮し、これらの者に対し、当該事故等原因調査等に関する情報を、適時に、かつ、適切な方法で提供するものとする」としている。美谷島さんや市川さんらが当初は非関係者のようにみなされ、一時はメディアの報道以外に調査情報に接することができなかった事態への反省に基づく措置である。

同様に国民に対して情報を公表して説明することは、検討会で辻本さんや美谷島さんがアピールした〈事故調査の納得性〉や、調査理念として確認された「公正性」を国民が確かめるうえでの材料になるだけではない。

旅客機でも日用製品にしても、社会的影響が大きい事故が起きた場合、消費者・生活者は身の安全を守るのに役立つ情報を求めようとする。調査途中でも確認された事実に関する情報や、それを説明する情報は、情報の量や質として十分ではなくても、消費者・生活者が同種事故の被害を免れようとする場合の判断材料になりうる。

その意味で、消費者事故調が第二回本委員会で決定した公表方針で、原因調査等の内容や結果の公表について、「報告書を公表するまでの間に、調査委員会が事故等の再発・拡大防止のため消費者へ情報を提供する必要があると判断した場合には、関係者等への影響を考慮しつつ適切な範囲で情報を公表する」としたのは適切と言える。

さらに、調査途中に事実情報が公表された場合、企業や行政の内部事情に詳しい人物が、調査経過情報を補充するような情報を調査機関に公益通報的に提供してくれるケースも起こりうるだろう。

波紋を生んだ事情聴取記録の公表

一方、福島第一原発事故について政府の事故調査・検証委員会（政府事故調）がまとめた証言記録のうち、事故発生当時の第一原発所長だった吉田昌郎氏（一三年病死）の事情聴取記録は、メディアの報道が先行し、政府も一四年九月一二日、吉田氏ら一九人分の聴取記録の公表に踏み切った。

きっかけは、その記録を入手した朝日新聞が同年五月二〇日付けで報道したことだった。聴取記録によると、吉田所長は第一原発にいた所員に対し、〈福島第一の近辺で放射線量が低い場所で一回退避して指示を待てと言ったつもり〉だったが、避難先を「第一原発」と明示しなかったため、一部管理職を含む九割の約六五〇人が一〇km離れた第二原発に退避した。そのことについて朝日新聞は、「所長命令に違反」と報道したのだった。

だが、その後に聴取記録を入手した他のメディアなどから批判された末、木村伊量・朝日新聞社長は政府公表と同じ日、「吉田調書を読み解く過程で評価を誤り、『命令違反で撤退』という表現を使ったため、多くの東電社員の方々がその場から逃げだしたかのような印象を与える間違った記事であったと判断しました」とし、「命令違反で撤退」という表現を取り消し、おわびした。

ただ、公表された吉田氏らの聴取記録から、ひとたび原発が過酷事故に見舞われた場合に陥る深刻

「事故調査機関の在り方に関する検討会」委員6人が将来像について提出した補足意見案の要旨

◆提出者：市川正子，河村真紀子，鶴岡憲一，松岡猛，
向殿政男，門田守人

▼安全基本法の制定＝事故調査の目的が，事故の原因究明と再発防止にとどまらず，被害者・被害者遺族への事故原因究明・再発防止を通じた慰謝や消費者・生活者の安全性の向上にあること，調査に当たっては被害者・被害者遺族の視点を忘れず説明責任を果たすべきこと，事故調査は刑事捜査と明確に区別して考えるべきことなど，様々な分野の事故の調査に共通する基本的な考え方を規定する。

▼「国民安全委員会」（仮称）の設置＝前記基本法の理念の下に，現存の調査機関を含む調査機関を一つの組織のもとに集結，整備する。それにより，様々な分野の事故の調査に共通する理念，方法論があらゆる分野に広められ，諸分野が一体化することで予算・人事面でのスケールメリットと，総務部門の一体化による組織運営の効率化なども期待できる。

▼国民安全委員会の組織体制＝産業育成省庁から切り離すため，内閣府付きのいわゆる3条委員会とし，委員会本体（親委員会）に加え下部組織で常設の分野別調査部門と独自の事務局で構成する。いわゆるすき間事案については，臨時調査部門を設置して対応する。

▼専門調査部門が担当する事故＝運輸，製品，食品，昇降機等移動構築物，建築物・施設，医療など国民生活に関わる事故で，消費者事故等に該当するか否かに関わらず調査対象とする。

さが鮮明にされたことも事実だった。そのように、事故調査機関が残す記録は事故予防などの教訓を得たり、調査の進め方を検証する材料になりうる。

そうだとしても、九月一二日付け毎日新聞は、吉田氏も「聴取後に政府へ提出した上申書で『(自分の調書を) 他の資料などと照らし合わせて取り扱っていただけるかと言う危惧を抱いている』と述べ、事実誤認がある可能性も認めている」、「証言はあくまで吉田氏の目から見たものでしかない」と報道し、聴取記録の正確性に限界があることも指摘した。

特に、東電が第一原発から全員を撤退させようとしたのかどうかをめぐっては、当時の菅直人政権の要人のほか、吉田氏や東電関係者の証言に食い違いがあり、そのまま公表しても国民は困惑するばかりとなるところである。それを整理し、真実に迫ろうとしたのが事故調査機関としての政府の事故調査・検証委員会だった。

その政府事故調は聴取記録を公表しなかったし、消費者事故調も運輸安全委にしても、調査経過報告書で事実情報から分析見解情報まで公表しているものの、事故関係者の証言聴取記録については全く公表していない。

その最大の理由は、事故の再発防止対策をスピーディーに提言するには、事故原因究明のために必要な関係者の率直な証言を得にくくなるからである。

もし、個々人の聴取記録を公表し刑事責任や行政規制違反などの責任追及に利用できるようにすれば、事故原因関係者から率直な証言を得られにくくなる。その結果、〈速やかな原因究明を基に、被害の拡大や未然防止の対策を打ち出して社会の安全性を高める〉ことを目的とする事故調査に支障が生じるおそれがある。

従って、裏付け不十分な調査情報の時期尚早な公表や、各種責任の追及材料に使われる可能性がある聴取記録の公表も制限されざるを得ない、ということになる。消費者庁の検討会でも、そうした意見が活発に表明されたのである。

調査情報の公表は調査目的に沿って

他方、同じ第一原発事故の調査を担った国会事故調の情報公開も注目された。一九回にわたった審議はすべて公開された。しかも、当時、責任ある立場にあった人を中心に計三八人を参考人として招致したが、菅直人・元首相や勝俣恒久・東電元会長らを公開の場で聴取し、報告書には証言内容を個人名付きで引用・記載したのである。

だが、前述の事故調査の▼速やかな原因究明を基に、被害の拡大防止と予防策を提言する▼調査会議を混乱させかねない調査会議の公開や、各種責任の追及に役立つような情報の公表は、速やかな調査の支障となるおそれがあるので避ける、という基本に照らせば、国会事故調の運営方式を〈事故調査の一般方式〉として消費者事故調に当てはめられることにはならない。やはり、国会事故調が行ったような〈公的な場での説明責任を負う立場にある事故原因関係者〉の事情聴取は、国会そのものが行うべきであろう。

ただ、国会事故調が公開の場で参考人を聴取したことについては〈政治ショー〉との批判が起きた一方、〈当時の各方面の責任者の行動を、よく調べてくれた〉と評価する声も上がった。本来なら国会こそが独自に参考人招致で事故対応ぶりを解明すべきだったのを国会事故調が代行してくれた、と受け止めるような国民もいたわけで、その限りで国会事故調方式が評価されたとも言える。

政府事故調の聴取記録公表についても、政府事故調の委員を務めた柳田邦男氏は、「①事故調は一年程度で報告書をまとめて解散してしまったので原子炉破綻のプロセスなど核心的な問題が未解明、②原子力災害の影響は長期かつ広域に及び、その内容も国家的危機から住民一人一人の人生、生活の破壊に至るまで多様であるが、その全容解明はなされていない」ことを理由に、公開の必要性を認めている（九月一二日付け毎日新聞）。

ただ、それにしても柳田氏は、「政府が公開する理由と、あくまでも例外的措置であることを明示しないと、運輸安全委員会などによる今後の事故調査に支障を来すおそれがある」（同紙）としている。

事故調査機関の本来の在り方としては、聴取記録が責任追及に使われないよう個人名を伏せつつ、事情聴取の結果を含めて、調査で入手した情報のうち必要な情報を欠かさず調査報告書に盛り込んで記載するといった方法により、聴取記録の公表を迫られるような事態を回避する工夫を考慮する必要があろう。

調査会議の公開そのものは、事故調査機関が決して行ってはならない、とも言えない。消費者事故調も、本委員会の傍聴を認めることもある。ただ、その場合の審議テーマは、いわば事故調査行政の関連事項であり、個々の事故の分析などの調査検討ではない。

いずれにせよ、事故調査で得られた情報については、仮に調査機関が公表を拒否した場合でも、国民が情報公開請求訴訟を起こせば、裁判所という第三者機関が情報公開法に照らして〈公開しても特別な支障が生じないかどうか〉を判断することになる。

ともかく、消費者事故調としては、〈速やかな原因究明に基づく被害の再発と予防〉という目的を基本とし、その支障となる時期尚早な公表や、混乱を招きかねない調査検討会議の公開を避けるとしても、〈公開に値する範囲〉を広げることが信頼につながるだろう。

エピローグ

消費者庁の「事故調査機関の在り方に関する検討会」は紆余曲折を経ながらも、消費者事故調創設の道筋をつけて終了した。その結果、消費者・生活者目線を重視する事故調査専門機関が初めて常設されたことは、日本の事故調査の歴史が新たな段階に移ったことを意味する。

ただ、今後の各種事故調査機関の統合・一元化の議論は先送りされた。調査の遅れにつながる、弱体組織の充実や独立性の強化、刑事捜査との調整など当面の課題も抱えている。

消費者庁の「事故調査機関の在り方に関する検討会」の議論が堂々巡りに陥りかけるたびに推進役を務め、補足意見案の提出にも名を連ねた門田守人氏が、最後の検討会で、事故調査機関の在り方をめぐる議論と対応は「終わりではなくて、まだ途中だと思います」と述べたのも、そのためだったろう。

とはいえ消費者事故調は、ともかく、〈自ら調査〉や〈評価〉の実績を積み始めた。原因究明を担当する専門家も〈消費者目線〉を意識して臨むことを表明し、事故の背景にまで踏み込んで事故要因を洗い出すことで、官民の各方面に求める再発防止対策の充実度を高めるなど、期待された方向で活動し始めた。

ただ、未整備の部分もある。検討会報告書では、消費者事故調とは別に「消費者事故等調査評価会議（仮称）の整備を目指す」とされた。その役割として、報告書は消費者事故調を含む〈複数の事故調査機関がまとめた調査結果について評価し、必要な調査がなされていない場合は調査を要請したり、複数の調査機関の間で、調査の取りこぼしがないよう連絡、調整する〉ことを想定し、「事故調査を実施する機関とはいわば車の両輪となる第三者機関」と位置付けた。

しかし、消費者事故調ほど「専門的知見に基づく分析・評価」を行うことまで期待されるわけでなく、〈当面は複数の事故調査機関の間の調整・連携を図るなど、各調査機関の機能を補うことに主眼を置く〉とされ、その性格付けには流動的な面もある。

他方、報道メディアは、消費者事故調が運用面で抱える重い課題を突き付けた。幼稚園プール事故の報告書を一四年六月二〇日に発表した記者会見の場でのことだった。

その事故の原因調査結果に基づき、消費者事故調は再発防止策を文科省、厚労省と内閣府に促す「意見」をまとめて公表した。プール活動の指導と事故予防監視の担当者を分けて配置し、監視の空白が生じないよう求めるなどしたのである。

これに対しメディア側は、「『勧告』でなく『意見』としたのはなぜか」と質した。

消費者事故調は必要に応じて、「勧告」を総理大臣（実質的には消費者庁）に、「意見」を消費者庁や関係行政機関に対して発し、再発防止策などを求めることができる。

ただ、「勧告」を受けた消費者庁は、それに沿った対策を関係行政機関に求め、実施された対策を消費者事故調に報告することが義務付けられているが、「意見」の場合は、そうした報告義務を課されない。その分、再発防止要求が弱いとも言える「意見」のほうをなぜ選んだのかをメディア側はたずねたのだ。

それらのどちらを選択するかは、消費者事故調が所属元の消費者庁に遠慮することなく再発防止対策を要求できるか、という点で、消費者事故調の独立度を示すかたちにもなる。それゆえの問いかけともみられた。

これに対し消費者事故調の事務局担当者は、▼「意見」に法的拘束力はないが、（法定手続きに従って：筆者注）きちんと出されることによって、相手方もいろいろなアイデアを考えなければいけないものになってくる▼「勧告」は、具体的に（関係する：筆者注）何法の何で、具体的なことをやれという発想、というように区別している趣旨を説明した。

一方、先の記者会見で事務局側は、「意見」の場合は、対策を求められた行政機関が実施対策を消費者事故調に報告する義務は課されていないとしても、「きちんとウオッチをしてみていくことはやっていきたい。（法に報告義務が）書いていないからできないということでは全くないと思います」と述べ、「意見」を発した先の行政機関による再発防止対策の実施ぶりを積極的にチェックする、という考えを表明した。

その証を例示するかのように、消費者事故調のホームページで調査状況を紹介するページの「フォローアップ」欄には、同事故調が指摘したプール事故再発防止対策の実施を求めて文科省と厚労省が都道府県の関係部署に発した通知を掲載した。

そうしたフォローアップぶりも、消費者事故調の独立度の指標として注目されていくことになるだろう。

〈消費者のための独立の省・生活省〉の設置を、主婦連の奥むめお・初代会長が一九五九年に国会で提言した成果として、内閣府への「国民生活局」の新設が決まったのは五年後だった。そのことを報告した「主婦連たより」で、奥・元会長は「一部の利権のために、役所がおかれている感すら濃厚」な政治・行政の状況に言及した。

そんな姿が抜本的に解消されたとは言い難い流れが続くなか、国民生活局も力を十分に発揮することは困難だった。それだけに、福田康夫内閣が、産業振興に偏らず、消費者を主役とする消費者行政専門官庁としての消費者庁の創設に踏み切ったことは、与野党の違いを超えて、政治家が消費者・生活者本位の行政を実現しようとする決断の重みを示した。

消費者事故調は、そうした消費者行政転換の重要な支え役としての使命を負わされているが、弱体組織の強化や、事故調査・組織運営の迅速・効率化につながる事故調査体制の統合・一元化という将来像の実現も、そうした政治決断にかかる。

消費者・生活者は、その行方に注目し続けるだろう。

【注】

本文のうち「　」の内容は、議事録などに記載された関係者の発言の原文や各種記録資料、文献の原文を引用した部分などで、〈　〉の内容はそれらを要約したものなど。

【主な参考文献（本文引用分を除く、順不同）】

柳田邦男『事故調査』（新潮社）
柳田邦男『航空事故』（中央公論社）
美谷島邦子『御巣鷹山と生きる』（新潮社）
航空安全推進連絡会議「空の安全と航空事故調査の在り方を考える　シンポジウム」
日本乗員組合連絡会議「航空事故と刑事捜査」
日本乗員組合連絡会議「日本航空706便事故の真相に迫る」
メアリー・スキアヴォ『危ない飛行機が今日も飛んでいる』（草思社）
杉江弘『機長の告白　生還へのマニュアル』（講談社）
江花優子『君は誰に殺されたのですか　パロマ湯沸器事件の真実』（新潮社）
シドニー・デッカー『ヒューマンエラーは裁けるか』（東京大学出版会）
畑村洋太郎『失敗学のすすめ』（講談社）
芳賀繁『失敗のメカニズム』（角川学芸出版）
出河雅彦『ルポ　医療事故』（朝日新聞出版）
毎日新聞医療問題取材班『医療事故がとまらない』（集英社）

福山哲郎『原発危機　官邸からの証言』（筑摩書房）
東京新聞原発事故取材班『レベル7　福島原発事故、隠された真実』（幻冬舎）
門田隆将『死の淵を見た男　吉田昌郎と福島第一原発の五〇〇日』（ＰＨＰ研究所）
奥山俊宏『内部告発の力』（現代人文社）
北沢善博・三宅弘『情報公開法解説』第二版（三省堂）
ＩＡＭ＝行政管理研究センター『情報公開制度　改善のポイント　総務省・情報公開法制度運営検討会報告』（ぎょうせい）

あとがき

鶴岡　憲一

新聞記者として安全問題に関わり始めたのは、日航ジャンボ機墜落事故の取材がきっかけだった。その後、一般製品から原発まで様々な分野の事故の報道に携わってきた。それらを通じて特に気になったのは、政官業のいわゆる〝鉄のトライアングル〟を背景とした産業振興官庁の消費者保護姿勢の消極さと、原因究明を歪める傾向だった。

そんな実態を抜本的に変える可能性を持つ消費者庁と消費者事故調を創設するための検討に加われたのは、望外の幸運だった。

共著者の河村さんと意見交換する機会は、消費者庁の「事故調査機関の在り方に関する検討会」で得られたが、河村さんが所属する主婦連などが連続勉強会を通じて提言した新事故調査機関像は、消費者事故調の原型になったとみてよく、消費者団体の力の確かさをうかがわせた。

残念ながら、その姿を将来像として検討会報告書に盛り込むことはできなかった。しかし、河村さんはあきらめず、補足意見書として添付することを提案し、市川正子さんや有力な専門家も賛同した。それでも採択はかなわなかったが、河村さんの理想実現に向けた熱意には改めて敬意を表したい。検討会の議事録よりも注目されやすい形で残った補足意見案は、事故調査機関を統合していくうえでの議論の有力な手掛かりになりうるからだ。

消費者事故調に限らず、新たな法制度の意義と限界は検討の過程で浮き彫りにされる。また、時がたつにつれて新法制度が求められた原点は忘れ去られがちになる。それだけに、本書が、事故に遭遇した被害者・ご遺族や消費者問題関係者らが対応する際の参考になるとともに、消費者事故調を理想像に近づけていくための議論で、創設の原点と問題点を確認できる資料となれば幸甚である。

なお、本文のうち消費者事故調の調査実績については、河村さんが専門委員に続き、一四年一〇月には本委員会の委員に就任して〈評価される消費者事故調〉側の立場が続くため、鶴岡がまとめた。

事故調査の在り方を考えるうえでは、様々な事故の被害者のほか、航空事業などの現場で安全確保に努力されている方々、事故調査の経験者や研究者、さらに多様な事故と向き合ってきた新聞社のかつての同僚ら、故人を含め多くの人たちとの交流に支えられた。

また、本書の出版に当たっては、厳しい出版事業環境にもかかわらず、学文社の田中千津子社長に積極的に引き受けていただき、丁寧に校正してもいただいた。深く感謝申し上げます。

河村　真紀子

消費者庁をつくる運動に「没頭」していた時から、消費者のための事故調査機関をつくるということはもう一つの大きな目標だった。消費者庁創設はなんとか実現した。次は事故調査機関だ。検討会が始まり、事故の被害者遺族が委員として複数参加するなど、消費者庁が何か新しい試みをしようとしている意気ごみを感じた。他省庁からのオブザーバーも毎回参加し、熱のこもった議論が繰り広げられた。しかし本文にも書いたが、とりまとめの段階で、分野を統合した独立の事故調査機関という将来像は、賛成する委員が半数近く、あるいはそれ以上いたにもかかわらず、両論併記という形ですら取り入れられることはなかった。とりまとめをベースにして改正安全法が描いた消費者事故調の姿は、消費者庁の中の一審議会だった。土台を支える理論には私たちの主張が反映されていたが、その組織体制は私たちが求めていた事故調査機関からは遠いものだった。

設置された消費者事故調（消費者安全調査委員会）の専門委員に就任という話が来たとき、委員にはならず「外側から」運動を続ける方がいいのではないか、いや「中に入って」消費者事故調に関わってみる方がいいに決まっていると、周りからは正反対のアドバイスがあった。結局今、私は消費者事故調の委員を続けている。

検討会が開かれる直前に、連続勉強会を通じて消費者団体、事故の遺族、航空機パイロットの組合、様々な分野の事故の関係者、弁護士らが共に練り上げた事故調査機関の組織イメージは、今なお、日本の事故調査機関が将来目指すべき姿に間違いないということを、消費者事故調に関わるほどに確信する。

事故調査とは何か。そのことについて、市民も行政もマスコミも共通認識を持てることが大切だと考えている。事故調査の唯一の目的は事故の「再発防止・未然防止」である。事故の直接的な引きがねを引いた出来事（その多くはヒューマンエラー）にとどまることなく、その背景に何があるのか、複合的要因、組織的要因まで視野に入れて調べ、尊い犠牲を無駄にすることなく社会の安全に繋げることが事故調査の目的だ。更に言えば実際に事故が起きる前の「ヒヤリハット」（重大インシデント）の段階で調査し、未然に事故を防止することが究極の目的といえる。責任の所在を絞り込み処罰の対象とする刑事捜査とは、根本的に目的を異にする。

情報公開についての項を書くにあたっては、鶴岡さんと随分議論をした。私は事故調査の理念を、最もこの分野で進んでいる航空の世界を参考に理解してきたこともあり、調査は報告書が唯一ともいえるアウトプットであり、その過程は原則として公開しないという考え方を支持している。事故の関係者が供述において、できるだけありのままを語ることができるように、そして将来にわたって関係者がそのことによって不利益を受けることがないように。そういうことが担保されなければ、再発防止のための十分な調査はできないと考えている。一方鶴岡さんには長年培ってこられたジャーナリストとしての強い信念があった。答えは、議論のその先にあるのだろう。事故調査の理念や手法の研究は比較的新しい分野である。情報公開についての考え方を含め、よりクリアに分かりやすく、洗練させていく必要がありそうだ。

「新しい事故調査機関実現ネット（事故調ネット）」では、その名のとおり、目指すべき事故調査の形を求めて更に活動を続けていきたい。医療の関係者もメンバーに加わり、事故調査についての分野横断的な視点は、はっきりとした像を結びつつある。

消費者庁誕生のちょうど半世紀前の一九五九年、私の祖母奥むめおは国会で、消費者・生活者のための行政機関の必要性を訴えている。女性のために、消費者のために、闘いつづけたような人生だったが、祖母はそれを「たのしい闘い」と呼んだ。叩けば門は開かれると信じ、ひとつひとつの門を辛抱づよく叩き、開いていったのだ。私はそのはるか足元にも及ばないが、人々と連携して世の中を動かそうとする活動を「たのしい」と感じるのは、祖母を身近に見て育ったからなのかもしれない。

本書の執筆は、共著者である鶴岡さんとの協力がなければ到底実現できませんでした。鶴岡さんに、そして事故調ネットのメンバーに、また出版にあたりましては学文社の田中千津子社長に、心より感謝申し上げます。

二〇一四年九月

著者略歴

鶴岡《つるおか》　憲一《けんいち》

1947年，群馬県生まれ。東京教育大学卒。元読売新聞東京本社編集委員。航空機，鉄道，欠陥車や一般製品，原発など事故の報道に関与したほか，消費者庁や消費者事故調の創設議論に参加。共著書に『悲劇の真相日航ジャンボ機事故調査の677日』『日本の情報公開法抵抗する官僚』

河村《かわむら》　真紀子《まきこ》

1958年，東京生まれ。早稲田大学卒。1987年，主婦連合会会員となる。消費者庁創設運動では事務局次長を務めた。消費者事故調創設のための検討会に参加。現在，主婦連合会事務局長，新しい事故調査機関実現ネット共同代表幹事，消費者安全調査委員会委員

消費者事故調　その実像と将来像

◉検印省略

二〇一四年一〇月三〇日　第一版第一刷発行

著　者　鶴岡　憲一
　　　　河村真紀子

発行者　田中千津子

発行所　株式会社　学文社

〒一五三－〇〇六四　東京都目黒区下目黒三－六－一
電話　〇三（三七一五）一五〇一（代）

印刷　東光整版印刷株式会社

乱丁・落丁の場合は本社でお取替します。
定価はカバー・売上カードに表示してあります。
ISBN978-4-7620-2489-4